Schriftenreihe des Behinderten-Sportverbandes NW
Behinderte machen Sport
Band 3

Michael Kolb
Spiele für den Herz- und Alterssport

Schriftenreihe des Behinderten-Sportverbandes NW
Behinderte machen Sport
Band 3

Michael Kolb

Spiele für den Herz- und Alterssport

Perspektive und Praxis einer spielorientierten Bewegungstherapie

Meyer & Meyer Verlag

Die Deutsche Bibliothek – CIP-Einheitsaufnahme

Kolb, Michael:
Spiele für den Herz- und Alterssport : Perspektive und Praxis einer spielorientierten Bewegungstherapie / Michael Kolb. - 2., unveränd. Aufl.
– Aachen : Meyer und Meyer, 1995
(Behinderte machen Sport ; Bd. 3)
ISBN 3-89124-267-0
NE: GT

2., unveränderte Auflage 1995
Schriftleitung: Prof. Dr. Volker Scheid
Entwurf Titelseite: Tacke - Neumann & Partner
Titelfoto: Foto-Design-Agentur Volker Minkus, Isernhagen
Fotos Innenteil: Axel Miller
Zeichnungen: Susanne Dalley, Aachen
Druck: Druckerei Queck, Jüchen
Printed in Germany
ISBN 3-89124-267-0

Vorwort

Die Idee zu dieser Spielesammlung bzw. der Konzeption einer spielorientierten Bewegungstherapie für den Herzsport entstand im Rahmen von Übungsleiterfortbildungen des Landessportbundes Nordrhein-Westfalen.

Immer mehr verfestigte sich dabei die Überzeugung, daß eine rein funktionsorientierte Bewegungstherapie den Teilnehmern der ambulanten Herzsportgruppen nicht gerecht wird und daß neben die Verbesserung der körperlichen Funktionen eine gezielte Beeinflussung der Persönlichkeit treten muß. Allerdings darf diese Einflußnahme keinen, wie auch immer gearteten psychotherapeutischen Charakter annehmen, da die Übungsleiter vor Ort das zum einen nicht leisten können und die Teilnehmer zum anderen wohl zu Recht eine Form der Durchführung erwarten, bei der Bewegungsaktivitäten im Vordergrund stehen.

Unter diesen Anforderungen kristallisierte sich nach und nach der Gedanke heraus, das Spiel und die in ihm liegenden Möglichkeiten zur Vermittlung intensiver Erfahrungen in den Mittelpunkt der Bewegungstherapie zu stellen. Im Laufe der Zeit wurde eine ganze Anzahl von Spielformen entwickelt, die den eingeschränkten körperlichen Möglichkeiten der Herzpatienten Rechnung tragen und eine Öffnung der oft verfestigten Persönlichkeitsstrukturen anvisieren.

Mein Dank gilt all den Übungsleitern, die auf Fortbildungen durch eigene Anregungen, begeistertes Mitspielen und praxiskundige Kritik die vorliegende Spielesammlung bereichert und dafür gesorgt haben, daß ungeeignete Spielformen verändert oder ausgesondert wurden. Sie haben auch meine Überzeugung gestärkt, daß in der alltäglichen Praxis vor Ort viel engagierte und teilweise professionelle Arbeit geleistet wird.

Mein besonderer Dank gilt Sabine Karoß, mit der zusammen viele gelungene Fortbildungen durchgeführt wurden, Hans-Georg Schulz und Jörg Thiele, die kritische und konstruktive Kommentare gegeben haben, Ingmar Hosenfeld, der Layout-Probleme souverän gelöst, und Dörthe Scherer, die unverständlichen Formulierungen oder Tippfehlern keine Chance gelassen hat.

Nicht zuletzt gilt mein Dank den Seniorenstudenten, die sich im Rahmen ihres Kurses im Hochschulsport der Universität Kiel für Aufnahmen zur Verfügung gestellt haben und mit viel Engagement bei der Sache waren, Britta Karius, die viele der Spiele im Unterricht durchführte, sowie Axel Miller, der mit großer Sorgfalt für die Herstellung ansprechender Photos gesorgt hat.

Michael Kolb Kiel, im Sommer 1994

Vorwort des Behinderten-Sportverbandes

Betrachtet man den Alterssport und den Sport in Herzgruppen, so sind unschwer zahlreiche Parallelen zu erkennen. In beiden Bereichen wird nämlich eine individuelle Betreuung zunehmend notwendig, und in den jeweiligen Sportgruppen ist entsprechend den individuellen Bedürfnissen eine stärkere Differenzierung durchzuführen. Vorhandene Funktionseinschränkungen, ob alters- oder behinderungsbedingt, sind zu berücksichtigen und mit sportlichen Mitteln zu kompensieren. Dabei sollen alle verbliebenen Bewegungsmöglichkeiten erhalten und verbessert werden.

Daß dies heute nicht mehr mit einem einseitigen Sportangebot durchgeführt werden kann, sondern hierzu vielfältige sportliche Übungen, die die gesamte Palette an möglichen Sportarten einschließen, notwendig sind, sollte hoffentlich selbstverständlich sein.

Das vorliegende Buch von Dr. Kolb bietet hierfür eine Menge in der Praxis erprobter Spielformen, die jedem Übungsleiter und Sportlehrer Anregungen und Ideen für den Alltag geben werden.

Aber nicht nur in sogenannten Seniorensportgruppen oder in Herzsportgruppen können diese Spiele und Übungen durchgeführt werden. Sie eignen sich genauso gut als Anregungen für fast alle Bereiche des Behindertensports. Insbesondere durch Hinweise auf die Belastungshöhe und die Veränderbarkeit können die Spielformen immer wieder den individuellen Bedürfnissen der betroffenen Personengruppe bzw. den behinderten Menschen in der Sportgruppe angepaßt werden. Eine individuelle Steuerung der Belastungshöhe und der Bewegungsmöglichkeiten im Spiel ist somit gewährleistet.

Dazu wird in einem 1. Kapitel das komplexe Einflußgefüge bei der *Genese des Herzinfarkts* aufgezeigt, um auf der Folie dieses Befundes im 2. Kapitel die Grundlinien einer sinnvoll darauf abgestimmten *spielorientierten Bewegungstherapie* zu entwerfen. Danach wird in einem 3. Kapitel thematisiert, welchen Stellenwert das *Spielen im Alterssport* einnehmen kann, um zu zeigen, daß die aufgeführten Spielformen auch in diesem, immer wichtiger werdenden Bereich innovative Anstöße für die Unterrichtspraxis geben können. Nach einigen allgemeineren einführenden *Praxishinweisen* im 4. Kapitel werden in einem ausführlichen *Praxisteil* (Kapitel 1 bis 10) dann eine große Anzahl von Spielen beschrieben, die dazu geeignet sind, die intendierten Zielsetzungen zu verwirklichen.

Dieses Buch wendet sich an *Übungsleiter* und *Sportlehrer*, die in der klinischen, insbesondere aber in der *ambulanten Rehabilitation* im Bereich des Herzsports tätig sind. Ihnen soll durch inhaltliche Anregungen eine Hilfestellung dabei gegeben werden, wie sie ihren Unterricht abwechslungsreicher und interessanter gestalten können.

Das zentrale Anliegen des Buches geht allerdings weiter. Auf der Grundlage der Analyse der Entstehung des Herzinfarkts soll ein Beitrag zur Didaktik und Methodik der Bewegungstherapie in diesem Bereich geleistet werden, der natürlich durch weitere Untersuchungen ausgebaut werden muß. Insofern kann in diesem Rahmen nur ein bescheidener Anstoß zur Weiterentwicklung der *Didaktik und Methodik des Rehabilitations- sowie des Alterssports* gegeben werden, die im Moment noch in den Anfängen stecken.

Die theoretischen Grundlagen

1. Zur Genese des Herzinfarkts

Problematische Aspekte einer funktionsorientierten Bewegungstherapie

Die Bewegungstherapie hat im Rahmen der Rehabilitation des Herzinfarkts von der Frühmobilisation in der Akutklinik über die Anschlußheilbehandlung bis hin zu den ambulanten Herzgruppen seit Jahren einen festen Platz und Stellenwert. Allerdings orientiert sie sich inhaltlich bis heute hauptsächlich an einem medizinisch und funktionell ausgerichteten Trainingsmodell. Danach werden nur die Formen der Bewegungstherapie als wirksam angesehen, die nachweisbare funktionelle Anpassungserscheinungen im Herz-Kreislauf-System und der vegetativen Steuerung hervorrufen. Unter dieser Maßgabe entwickelte sich die Bewegungstherapie zu einem vor allem ausdauerorientierten Bewegungstraining, das dazu dient, eine Anzahl positiver physiologischer Effekte hervorzubringen. Dazu zählen insbesondere ein verringerter sympathischer Antrieb, eine veränderte Arbeitsweise des Herzens im Sinne einer Ökonomisierung, eine günstige Beeinflussung des Stoffwechsels der Skelettmuskulatur, der Fluidität des Blutes, des Fettstoffwechsels, des Bluthochdrucks und, durch vermehrten Kalorienverbrauch, des Körpergewichts. Vor allem die Ökonomisierung der Herz-Kreislauf-Funktionen und des peripheren Stoffwechsels haben eine wichtige Funktion. Sie dienen der Schonung des schon vorgeschädigten Herzens der Infarktpatienten und sollen dazu beitragen, Belastungsspitzen im Alltag zu mildern bzw. besser zu bewältigen. Die Möglichkeiten einer weiterreichenden Beeinflussung der Einstellungen der Teilnehmer im Rahmen der Bewegungstherapie sind darüber hinaus bislang nur marginal diskutiert und erst vereinzelt gezielt anvisiert worden.

Vor allem FISCHER (1988a, 9f.) kritisiert, daß bei der gängigen Bewegungstherapie zu sehr Aspekte der Wiederherstellung, Verbesserung und Ökonomisierung des Herz-Kreislauf- und Stoffwechselsystems bzw. des Halte- und Stützapparates im Vordergrund stehen, während die psychosozialen Aspekte der Erkrankung und deren mögliche positive Beeinflussung vernachlässigt werden. Natürlich ist es wichtig, daß durch die Bewegungstherapie im Rahmen der Rehabilitation die Funktionsfähigkeit entwickelt und den Patienten wieder ein gewisses Zutrauen zu ihrem eigenen Körper vermittelt wird. Allerdings sollte dabei nicht die Tendenz unterstützt werden, daß die Patienten über das Erleben eines körperlichen Trainings wieder uneingeschränktes Vertrauen in die Leistungsfähigkeit ihres Körpers gewinnen und so ihr meist selbstüberforderndes Selbstbild wiederherstellen, das an der Entwicklung des Herzinfarkts mitbeteiligt war. Der Herzinfarktpatient erscheint oft wie ein "Fremder in seinem eigenen Körper" (ESSER/ZIMMER 1985, 134) und zeigt ein ausgeprägt instrumentelles Verhältnis zu körperlichen Phänomenen. Entsprechend wird der Infarkt hauptsächlich als eine Art maschineller Defekt erlebt, der durch körperliches Training behoben werden kann. Manche Patienten versuchen geradezu gegen den nächsten Infarkt anzulaufen, aber dieser "Versuch, Gesundheit mit allen Mitteln des körperlichen Trainings wiederzuerlangen, behindert nicht nur die positiven Auswirkungen der Bewegungstherapie, sondern fördert gleichzeitig die Aufrechterhaltung eines gesundheitsgefährdenden Leistungsdruckes sowie der Selbstüberforderung" (WEIDEMANN/MEYER 1991, 59). Es findet keine Auseinandersetzung mit der eigenen Erkrankung statt, sondern sie wird auf diese Weise massiv verdrängt. In einer stark funktionsorientiert ausgerichteten Bewegungstherapie besteht die realistische Gefahr, daß eine "Verfestigung der Abwehrstruktur gegenüber den eigenen Versagensängsten" (SROKA 1980, 176) unterstützt wird. Das Ereignis des Herzinfarkts wird von den Patienten als tief verunsichernder Einbruch in ihr ungebrochenes Vertrauen in das selbstverständliche Funktionieren ihres Körpers erlebt. "Aus Angst vor Verlust der körperlichen Integrität, der Unabhängigkeit und Selbständigkeit werden oft Beschwerden geleugnet und ein Prozeß der reflektierenden Auseinandersetzung vermieden" (ESSER 1987, 4). Durch die in einer medizinisch orientierten Bewegungstherapie im Vordergrund stehende Arbeit an der Verbesserung der Körperfunktionen kann die Tendenz eines Wiederaufbaus der vormaligen, leistungsorientierten Persönlichkeitsstruktur unterstützt werden.

In den ersten Monaten nach dem Infarkt besteht ein positiver Aspekt funktionsorientierter Bewegungsprogramme sicher darin, daß Ängste erfolgreich reduziert werden, da die Patienten hier deutliche Fortschritte in der Wiedergewinnung ihrer Leistungsfähigkeit wahrnehmen können. Dieser Effekt läßt sich nach längerer Zeit allerdings nicht mehr aufzeigen. Es ist sogar wahrscheinlich, daß die Patienten durch diese ersten Erfolge in ihrem Selbstbild bestätigt werden und keine Veranlassung zu tiefgreifenderen Veränderungen ihres gewohnten Lebensstils und ihrer Lebenseinstellung mehr haben. Eine längerfristige, regelmäßige Teilnahme an der Bewegungstherapie verstärkt eher die Tendenz der Patienten zur Verleugnung eigener Probleme (LANGOSCH 1988a, 41), da sie nach ihrer oft sehr mechanistischen Überzeugung ja etwas für die eigene Gesundheit tun. LANGOSCH (1992c, 223) kommt im Hinblick auf die Möglichkeiten der Bewegungstherapie zu dem Resümee, daß "das in neuer positiver Körpererfahrung liegende psychotherapeutische Potential ... durch ein weitgehend auf körperliches Training konzentriertes Vorgehen nur unvollkommen ausgeschöpft" wird.

Die komplexen Einflüsse auf die Genese des Herzinfarkts

Auch neue Erkenntnisse zur Genese des Herzinfarkts machen ein erneutes Durchdenken der Ziele, Inhalte und Methoden der Bewegungstherapie erforderlich. Seit längerer Zeit zeichnete sich ab, daß allein mit Hilfe der klassischen Risikofaktoren wie erhöhtem Cholesterin und Blutdruck oder Rauchen die Entstehung der koronaren Herzkrankheit nicht befriedigend erklärt werden kann. Schon gegen Ende der 50er Jahre entdeckten FRIEDMAN und ROSENMAN einen Zusammenhang zwischen einem Persönlichkeitstypus, der sich durch ein bestimmtes Verhaltensmuster auszeichnete und den sie als sogenannten Typ-A bezeichneten und einem vermehrten Auftreten des Herzinfarkts bei entsprechenden Personen. In der Folge wurde eine ganze Anzahl von sozialen und psychischen Risikofaktoren nachgewiesen, die sich allerdings zu keiner geschlossenen Theorie der Entstehung des Herzinfarkts zusammenfügten, sondern relativ unvermittelt nebeneinander stehen. SCHAEFER/BLOHMKE (1977) haben den Versuch unternommen, die Befunde zu den einzelnen Risikofaktoren zusammenzutragen und daraus eine zusammenhängende Hierarchie der Risikofaktoren zu entwickeln, in der das komplexe Zusammenspiel der psychischen und sozialen Risikofaktoren und ihre Auswirkungen auf körperlicher Ebene in einen schlüssigen Zusammenhang gebracht werden (vgl. zu den Risikofaktoren insgesamt auch ESSER 1987, 1ff., KÖHLER 1989, 101ff. und LANGOSCH, 1988b, 351ff., zu den verhaltensbezogenen Risikofaktoren insbesondere SCHWARZER 1992, 105ff.).

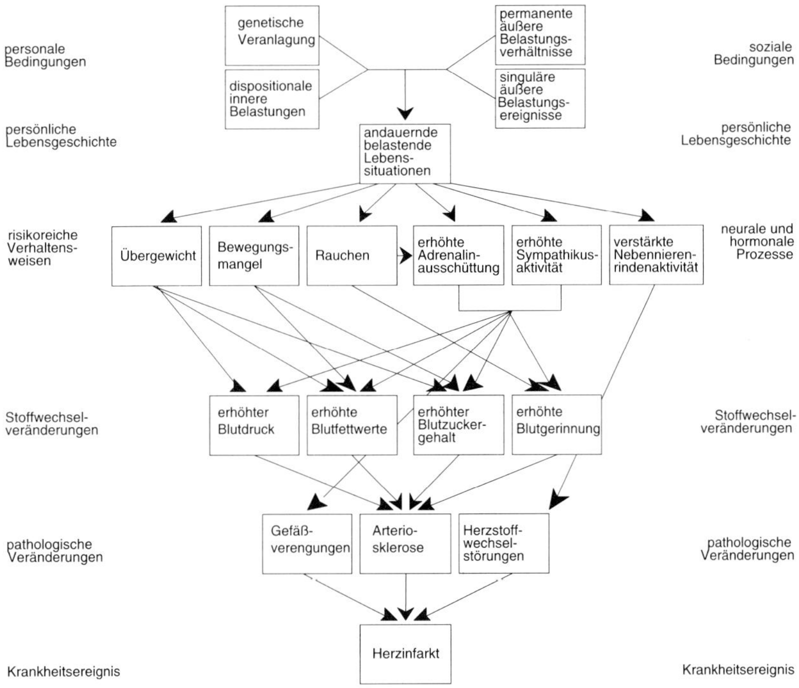

Die Hierarchie der Risikofaktoren (in Anlehnung an SCHAEFER/BLOHMKE 1977, BRENNER 1982 und HURRELMANN 1991)

Verfolgt man die Genese des Herzinfarkts über die verschiedenen Einflußebenen, wie sie in der obigen Abbildung aufgezeigt werden, zurück, so stößt man über die rein körperliche Ebene hinaus auf verschiedene psychische und soziale Risikofaktoren.

Auf der Ebene der *personalen Bedingungen* findet sich zum einen eine *genetische Veranlagung* und zum anderen bestimmte *dispositionale innere Belastungen*.

Die Vermutung einer *genetischen Prädisposition* basiert auf der wiederholten Beobachtung, daß es Familien gibt, in denen gehäuft Herzinfarkte auftreten. Allerdings ist dieser Einfluß nur relativ schwach ausgeprägt. Es kann auch nicht ausgeschlossen werden, daß durch familiäre Sozialisation bzw. das Vorbild der Eltern bestimmte Ernährungs-, Rauch- oder Bewegungsgewohnheiten sowie Verhaltensstile weitergegeben werden, durch die das vermehrte Vorkommen von Herzerkrankungen plausibler erklärt werden kann als durch eine genetische Veranlagung (vgl. KÖHLER 1989, 106).

Sehr viel deutlicher wurden im Laufe der Jahre *dispositionale innere Belastungen* im Sinne bestimmter psychischer Verhaltens- und Reaktionsmuster nachgewiesen. Als zentraler psychischer Risikofaktor wurde ein als Typ-A bezeichnetes Persönlichkeitsprofil ausgemacht, das durch einen bestimmten Handlungs-Emotions-Komplex gekennzeichnet ist. Der gefährdete Typ-A ist danach dadurch charakterisiert, daß er versucht, hohe selbstgesetzte und ungenau definierte Ziele in möglichst kurzer Zeit zu verfolgen. Oft engagiert er sich in verschiedenen Bereichen gleichzeitig, verausgabt sich dabei ohne große Erfolgsaussicht und überfordert sich ständig, unterdrückt aber diese Überforderungsgefühle. Er verfügt insgesamt über eine schlechte Wahrnehmungsfähigkeit für körperliche Prozesse und Signale, gesteht körperliche Schwächen nicht ein, glaubt an die unbegrenzte Belastungsfähigkeit des eigenen Körpers und ist kaum fähig, sich zu entspannen bzw. mit nicht klar leistungsbezogenen Bereichen umzugehen. Sie werden nur als Zeitverschwendung empfunden. FREUND (1988, 34) charakterisiert den A-Typ geradezu als 'Fremden im eigenen Körper' mit einem hohen Drang zu ständiger körperlicher und geistiger Aktivitität, motorischer Unruhe, raschen, hastigen Bewegungen, einem schnellen, explosiven Sprachstil und großer Ungeduld in Wartesituationen. Sein ausgeprägtes Pflichtgefühl, der große Ehrgeiz, immer etwas Besonderes zu leisten und perfekt zu arbeiten, sowie das übertriebene Streben nach Anerkennung und persönlichem Vorwärtskommen lassen ihn alle Situationen als Konkurrenz- und Wettbewerbssituationen wahrnehmen. Er zeigt deshalb oft unangemessene Verhaltensweisen zur Lösung von sozialen Problemkonstellationen, ist ständig latent aggressionsbereit und reagiert übertrieben feindselig (vgl. insgesamt ESSER/ZIMMER 1985, FREUND 1983, ERNST 1980).

Dieses etwas holzschnittartige Persönlichkeitsbild wurde in späteren Forschungen zum Teil radikal in Frage gestellt, zum Teil hielt man allerdings an ihm fest, modifizierte es aber in verschiedener Hinsicht. Vor allem geht man heute nicht mehr von einzelnen, eindeutig abgrenzbaren risikoreichen Persönlichkeitszügen aus, sondern von einem komplexen Reaktionsmuster auf bestimmte Umweltkonstellationen. Nach FRICZEWSKI (1988) ist der Infarkt-Gefährdete durch eine besondere 'brüchige Dynamik' gekennzeichnet, d.h. er zeigt zugleich ein ausgeprägtes Dominanzstreben und eine Tendenz zu ängstlicher Anpassung, d.h. daß die offene Auseinandersetzung in Konfliktsituationen eher vermieden wird. Er gleicht "einem Autofahrer, der Gas gibt und gleichzeitig die Handbremse zieht" (ERNST 1988, 23) und so ständig unter psychischer Anspannung steht, die nicht ausagiert werden kann. Aggressive Tendenzen müssen ständig unterdrückt werden, um sozial nicht auffällig zu werden.

Zudem scheint der A-Typ im Kern ein nur schwach ausgeprägtes, labiles Selbstwertgefühl bzw. geringes Selbstvertrauen in die eigenen Fähigkeiten bei gleichzeitigem hohem Anspruch an den beruflichen Erfolg zu besitzen. Die durch ständige Anstrengung und Konkurrenzorientierung angestrebte berufliche Karierre soll vor allem zur sozialen Anerkennung beitragen und das labile, zu depressiven Regungen neigende Selbstwertgefühl stützen. Damit einher geht eine ständige Angst, den Erwartungen anderer Menschen nicht zu genügen. Das würde auch die hohe Kritikempfindlichkeit, Kränkbarkeit und Verletzbarkeit dieser Persönlichkeiten erklären (vgl. SCHMIDT 1983). Die bekannten, typisch dominanten und feindseligen Typ-A-Verhaltensweisen wären damit Ausdruck einer enormen Anstrengung zur Kontrolle der Umwelt und dienen diesen Persönlichkeiten vor allem dazu, ihr geringes Selbstwertgefühl zu kompensieren und abzusichern. Als Kernpunkte des Typ-A-Verhaltens kristallisierten sich demgemäß in den letzten Jahren "ein unrealistisches Bestreben nach Kontrolle verbunden mit Feindseligkeit" (SIEGRIST/SIEGRIST 1992, 476) bzw. anhaltendem Ärger (zur erhöhten Ärgerbereitschaft vgl. insgesamt MÜLLER 1993) heraus. Sie führen zu einem Leben in ständiger Anspannung und psychischer Aktivierung.

Trotzdem läßt das Modell des Typ-A-Verhaltensmusters wichtige Fragen offen. So kann damit unter anderem die erhöhte Häufigkeit koronarer Herzerkrankungen in den unteren Sozialschichten nicht erklärt werden. Kritisch bleibt auch anzumerken, daß hier eher ein unzusammenhängendes Gemisch von Verhaltensformen, emotionalen Reaktionsmustern, festen Charakterzügen usw. vorliegt, mit dem die Erkrankung zu sehr aus dem sozialen Entstehungskontext isoliert, auf individuelle Verhaltensmuster zurückgeführt und so individualisiert wird.

Aufgrund dieser Kritik ging man in der Folge in der Forschung den *sozialen Bedingungen* der Genese des Herzinfarkts nach und entdeckte in diesem Zusammenhang den Einfluß bestimmter *singulärer äußerer Belastungsereignisse* sowie *permanenter äußerer Belastungsverhältnisse*.

Als *singuläre äußere Belastungsereignisse* wurden vor allem sogenannte 'life events' oder kritische lebensverändernde Ereignisse bzw. Übergänge im Lebenslauf ausgemacht. Man hat beobachtet, daß schweren Erkrankungen häufig einschneidende soziale Ereignisse vorangehen. Dabei reicht die Liste von negativen Geschehnissen wie dem Tod des Ehepartners, einer Ehescheidung, einer Haftstrafe oder familiären Streitigkeiten bis hin zu positiven Ereignissen wie einer Hochzeit, Urlaubsreisen oder der Geburt eines Kindes. Sowohl glückliche, wie traurige Ereignisse können für Menschen also kritische Folgen haben. Das bedeutet, daß alle massiven sozialen Veränderungen wie Stellenwechsel, Schulwechsel, Pensionierung, Umzug, Neuordnung der Arbeitszeit, Aufnahme von Schulden usw. für Menschen eine große Belastung darstellen. Vor allem der erforderliche Aufwand für die Neu-Anpassung und die gefühlsmäßige Verarbeitung verlangt große Anstrengungen und macht anfälliger für Krankheiten. 'Life events' stellen bis zu ihrer endgültigen Bewältigung eine Zeitlang eine latente Erkrankungsgefahr dar und verstärken bei gehäuftem Auftreten oder dem Zusammentreffen mit weiteren belastenden Faktoren die Gefahr eines Krankheitsausbruchs. Menschen ohne soziale Unterstützung durch Verwandte oder Freunde sind dabei besonders gefährdet.

Sehr viel belastender als einschneidende singuläre Ereignisse sind jedoch *permanente äußere Belastungsverhältnisse,* bei denen sich viele alltägliche Kümmernisse und Ärgernisse, Ängste und Aggressionen summieren. Auch hier reicht die Skala von Alltagsärger wie Verkehrsstaus, vor der Nase abgefahrenen Zügen, Strafzetteln, Streitigkeiten am Arbeitsplatz oder Verlegen eines Gegenstandes, bis hin zu kritischen beruflichen Situationen wie Stellenabbau in der Beschäftigungsfirma mit der Gefahr des Arbeitsplatzverlustes, langandauernde berufliche Überbeanspruchungen, allgemeine Unzufriedenheit mit der Arbeit, Spannungen mit Vorgesetzten, Bedrohung des Sozialprestiges durch Herabstufungen am Arbeitsplatz, mangelnde soziale Anerkennung, sozialer Auf- oder Abstieg oder sogar Arbeitslosigkeit. Vor allem berufliche Positionen mit geringem Handlungsspielraum und engen zeitlichen Vorgaben ohne große Möglichkeiten zu eigenen Entscheidungen sind mit dauernder Anspannung verbunden. Typisch ist diese Situation für die berufliche

Zwischenstellung bzw. 'Sandwich-Position' von Facharbeitern, die ständig zwischen den widersprüchlichen Anforderungen von Vorgesetzten und Untergebenen stehen.

Durch die objektiv schlechteren Lebensumstände sind Angehörige der Unterschicht belastenderen Lebenssituationen ausgesetzt. In diesen Schichten herrscht ein niedriger beruflicher Status mit schlechten Arbeitsbedingungen (Wechselschichten, Lärmbelastungen, hohe Temperaturen, monotone, anforderungsarme Tätigkeiten etc.) und damit einhergehenden ungünstigen sozioökonomischen Bedingungen vor. Die Menschen sind meist ohne große Einflußmöglichkeiten auf ihre Lebensverhältnisse, und es kommt deshalb verstärkt zu Gefühlen der Machtlosigkeit gegenüber den Lebensanforderungen und fehlendem Selbstvertrauen. Das würde auch erklären, warum seit den 70er Jahren Herzinfarkte bei den Angehörigen dieser Schichten bzw. bei Personen mit niedrigerem Bildungsniveau vermehrt auftreten. Klar ist jedenfalls: "Je höher der Ort in der sozialen Hierarchie, desto geringer das Risiko, kardiovaskulär zu erkranken bzw. aufgrund kardiovaskulärer Ursache zu versterben" (SIEGRIST/ SIEGRIST 1992, 477). Nicht zuletzt können auch familiäre Probleme wie anhaltende Ehestreitigkeiten, Erziehungsprobleme, Ärger mit angeheirateten Verwandten, hohe Schulden oder permanente Geldknappheit zu persönlicher Verausgabung, Überforderung und Gefühlen der Hilflosigkeit führen.

Aufgrund der komplexen Befunde der risikoreichen Bedingungen wird deutlich, daß nicht bestimmte soziale oder personale Faktoren allein für die Genese einer koronaren Herzerkrankung ausschlaggebend sind, sondern "persönliche Reaktionsmuster" (SCHAEFER/BLOHMKE 1977, 169) auf bestimmte *andauernd belastende Lebenssituationen.* Kommt es in der persönlichen Lebensgeschichte zu einer "Akkumulation von situativen (äußeren) und dispositionalen (inneren) Belastungen" (SIEGRIST 1980, 56), treffen also konfliktreiche berufliche oder familiäre Konstellationen bzw. einschneidende Ereignisse gehäuft auf eine Persönlichkeit mit einem ausgeprägten, A-typischen Reaktionsmuster, so entwickelt sich mit erhöhter Wahrscheinlichkeit ein Herzinfarkt. Die entsprechend vordisponierten Menschen reagieren auf äußere Anforderungen mit anhaltendem, verstärktem Krafteinsatz. Sie überfordern und verausgaben sich dabei und stehen so unter ständiger Anspannung. Je mehr sie realisieren, daß der Einsatz nicht angemessen belohnt wird, desto mehr fühlen sie sich den Ereignissen ausgeliefert, die sie nicht mehr kontrollieren zu können glauben. Sie fühlen sich ständig bedroht, unsicher und hilflos und zeigen eine deutlich erhöhte Reagibilität und Ärgerbereitschaft. Die andauernden belastenden Lebenssituationen wirken so als Streßauslöser oder Stressoren, die beim Menschen psychosozialen Streß hervorrufen und vom einzelnen auf der Gefühlsebene als vermehrte Ängstlichkeit, Unzufriedenheit, Ärger, Aggressionen und Sorgen wahrgenommen werden. Streßreaktionen treten immer dann auf, wenn zwischen den an einen Menschen gestellten Anforderungen und den vorhandenen Bewältigungsmöglichkeiten eine Diskrepanz besteht, wobei von entscheidender Bedeutung ist, wie die Anforderungen vom einzelnen bewertet werden.

Diese Auswirkungen langanhaltender, belastender Lebenssituationen lösen auf der physiologischen Ebene eine Streßreaktionskette von *neuralen und hormonalen Prozessen* aus. Dabei kommt es vor allem zu einer *verstärkten Nebennierenrindenaktivität* und zu einer *erhöhten Adrenalinausschüttung*, die den Körper durch beschleunigten Herzschlag, erhöhten Blutdruck, schnellere und flachere Atmung, stärkere Muskelspannung und Hemmung der Verdauungstätigkeit auf Belastungen vorbereitet. Gleichzeitig erhöht sich die *Sympathikusaktivität*, die insgesamt die Stoffwechselvorgänge im Körper beschleunigt. Grundsätzlich löst jedes stressende Ereignis diese Abfolge von physiologischen Prozessen aus, die Kräfte zur Bewältigung sogenannter Notfall-Situationen aktivieren sollen. Kurzfristig stellt die Streß- bzw. Energieaktivierungs-Reaktion eine durchaus sinnvolle und wichtige Funktion des Körpers dar, da sie auf akute, hohe Anforderungen vorbereitet. Zur Rettung in einer Gefahrensituation kommt ihr deshalb eine lebenswichtige Bedeutung zu. Wird der Mensch allerdings mit vielen, dicht aufeinanderfolgenden Belastungssituationen konfrontiert und steht ohne Erholungspausen unter anhaltendem Anforderungsdruck, so werden die Streßreaktionen so häufig ausgelöst, daß es zu einer andauernden Aktivierung kommt, der Körper sich nicht mehr regenerieren kann und ständig verausgabt. Besonders Situationen, die in der persönlichen Wahrnehmung die Bewältigungsmöglichkeiten des einzelnen überfordern, führen zu enormem Streß und stellen einen bedeutenden Risikofaktor für die Entstehung einer koronaren Herzkrankheit dar (vgl. SIEGRIST 1992). Oft nehmen die Menschen die Anzeichen der zunehmenden Erschöpfung des Körpers wie Müdigkeit, Gereiztheit, Kopfschmerzen, Muskelverspannungen oder Herz- und Magenbeschwerden nicht wahr und führen ihr Leben in gewohnter Weise weiter. Verfügen sie über keine Möglichkeiten zur Bewältigung des psychosozialen Stresses, so kommt es, je nach persönlicher genetischer Veranlagung und gesundheitlicher Gesamtverfassung, zu risikoreichen *Stoffwechselveränderungen* wie chronisch *erhöhtem Blutdruck*, *erhöhten Blutfettwerten*, *erhöhtem Blutzuckergehalt* und einer *erhöhten Blutgerinnung*.

Oft begünstigt der permanente Streß bei den Betroffenen zusätzlich die Entwicklung risikoreicher Verhaltensweisen. Sie versuchen ihren Streß abzubauen, indem sie *rauchen*, vermehrt Alkohol trinken, übermäßig essen und dadurch *Übergewicht* entwickeln bzw. kaum noch Zeit für körperliche Bewegungen aufbringen und unter *Bewegungsmangel* leiden. Kurzfristig haben einige dieser Verhaltensweisen durchaus entspannende Effekte (vgl. FRANZKOWIAK 1986), aber langfristig sind sie als eher unangemessene Bewältigungsversuche anzusehen, da sie die gesundheitsgefährdende Störung der oben beschriebenen Stoffwechselprozesse noch verstärken.

Nach und nach manifestieren sich die Einflüsse der gestörten Stoffwechseltätigkeit auf der anatomischen Ebene als manifeste *pathologische Veränderungen* wie *Arteriosklerose* bzw. *Gefäßverengungen* sowie *Herzstoffwechsel- und Rhythmusstörungen,* die letztlich im Krankheitsereignis des *Herzinfarkt* ihr Ende finden können.

Der von SCHAEFER/BLOHMKE (1977) aufgezeigte Zusammenhang der Risikofaktoren veranschaulicht, wie der Mensch auf das überfordernde Aufeinandertreffen risikoreicher sozialer und personaler Bedingungen mit körperlichen Streßreaktionen antwortet. Der eigentliche Ausgangspunkt für Genese und Ausbruch einer Erkrankung wird also in der *Überbeanspruchung der sozialen, psychischen und körperlichen Anpassungsfähigkeit des Menschen* gesehen. Gesundheit ist danach Ausdruck einer gelungenen Ausbalancierung der individuellen Möglichkeiten und äußeren Belastungen. Gesundheit ist kein statischer Zustand, sondern sie vollzieht sich als ständiger Auf- und Umbau der konkreten Beziehungen zwischen den Menschen und ihrer sozialen und dinglichen Umgebung. "Gesundheit als ein Prozeß ist nur möglich, wenn ein Individuum flexibel und zielgerichtet den jeweils optimal erreichbaren Zustand der Koordination von inneren und äußeren Anforderungen bewältigt und dabei eine zufriedenstellende Kontinuität des Selbsterlebens (Identität) sichert und eine persönliche Selbstverwirklichung in Abstimmung mit und Rücksichtnahme auf Interaktionspartner ermöglicht. Gesundheit ist kein statisch-stabiler Dauerzustand, sondern ein Gleichgewichtsstadium zwischen verschiedenen Kräften und Anforderungen, das auf der Basis der bisherigen lebensgeschichtlichen Kontinuität immer erneut hergestellt werden muß" (HURRELMANN 1991, 164).

Auf dieser Folie wird verständlich, wie sich die Genese des Herzinfarkts als mißlungene Anpassung vollzieht. Immer wenn Menschen mit einer risikoreichen Persönlichkeitsstruktur in ihrem Leben mit besonders hohen Anforderungen konfrontiert werden, reagieren sie mit großen Anstrengungen und geraten dabei in eine andauernde Anspannung. Wenn es immer unsicherer erscheint, daß ihre Bemühungen Erfolg haben werden oder wenn sie realisieren, daß ihr Einsatz nicht angemessen belohnt wird, kommt es zu unangenehmen Gefühlen wie Unsicherheit und Hilflosigkeit. Sie verstärken ihre Aktivitäten und verausgaben sich dabei zunehmend. Gleichzeitig nehmen sie aber wahr, daß sie die Kontrolle über die Situation verlieren. Es verfestigt sich der Eindruck, daß die Widerstände, die einem Erfolg im Wege stehen, ihre Fähigkeiten überfordern, und sie reagieren darauf mit latenter Angst und Aggressivität. Körperliche Symptome wie Herzklopfen oder Verspannungen zeigen gleichzeitig an, daß der Organismus auf die psychosozialen Streßituationen mit einer neuralen und hormonalen Streßreaktionskette reagiert, die, durch Streßverhaltensweisen wie z.B. starkem Rauchen verstärkt, über veränderte Stoffwechselprozesse mit großer Wahrscheinlichkeit arteriosklerotische Prozesse hervorruft und im ungünstigsten Fall in einem Herzinfarkt endet. SCHAEFER/BLOHMKE (1977, 173) halten resümierend fest, daß "alle Lebenssituationen und alle sozialen Lebensbedingungen, unter denen Angst, Aggression, Spannung und andere Formen des psychosozialen Streß auftreten, eine höhere Wahrscheinlichkeit der Entwicklung von erhöhten Risikowerten der primären Risikofaktoren (Blutdruck, Blutfette, Katecholamine etc.) aufweisen", die zur Entstehung der Arteriosklerose beitragen und bis in den Herzinfarkt führen können.

Zur Rehabilitation des Herzinfarkts

Die komplexe Hierarchie der Einflußfaktoren auf die Genese des Herzinfarkts hilft auch dabei, die Ansatzpunkte einzelner Rehabilitationsmaßnahmen genauer zu verorten und in ihrer Funktion zu bewerten.

Manifeste *pathologische Veränderungen* lassen sich bislang nur durch *chirurgische Eingriffe* bekämpfen. Das Legen von Bypässen und Dilatationen der Herzkranzgefäße sind die letzten Maßnahmen, um lebensbedrohende Situationen abzuwenden. Durch derartige Operationen wird das weitere Fortschreiten der Grunderkrankung allerdings nicht grundsätzlich angegangen, sondern nur verzögert.

Sinnvoller ist es, gegen die negativen *Stoffwechselveränderungen* wie erhöhten Blutdruck, erhöhte Blutfettwerte, erhöhten Blutzuckergehalt und erhöhte Blutgerinnung anzugehen. Man versucht das zum einen durch eine *medikamentöse Therapie*, zum anderen hat hier die *funktionelle Bewegungstherapie* positive Wirkungen gezeigt. Durch ein ausdauerorientiertes Training soll der Fettstoffwechsel, der Bluthochdruck und das Körpergewicht positiv beeinflußt und die Herzarbeit ökonomisiert werden. Neben der gezielten Verringerung des sympathischen Antriebs wird der regelmäßigen Bewegung insgesamt eine ausgleichende Wirkung zugeschrieben.

Auf der nächsten Bedingungsebene geht man systematisch gegen *risikoreiche Verhaltensweisen* vor. Durch *gesundheitliche Aufklärung* und *Diätberatung* sowie Maßnahmen zur *Verhaltensmodifikation* wie Nichtrauchertraining und Veränderung der Ernährungsgewohnheiten versucht man, individuelle Verhaltensweisen zu korrigieren. Die verschiedenen *Entspannungsverfahren* wie Progessive Muskelrelaxation, Autogenes Training, Atementspannung, aber auch die Entspannung in der Bewegung sollen zumindest zeitweilig eine vegetative Umschaltung herbeiführen. Sie dienen vor allem dazu, die mit emotionalem Streß und ständiger Anspannung einhergehende Aktivierung mit ihren *neuralen und hormonalen Prozessen* positiv zu beeinflussen und den Menschen Möglichkeiten an die Hand zu geben, die Folgen belastender Situationen abzumildern und durch das Gegengewicht der Entspannung eine gewisse Streßtoleranz zu entwickeln.

Das *Streßbewältigungstraining* dient dazu, den aus *belastenden Lebenssituationen* resultierenden emotionalen Streß zu verringern. Im Streßbewältigungstraining (vgl. LANGOSCH 1992b, 192ff.) sollen konkrete Bewältigungsmöglichkeiten für Krisensituationen entwickelt werden. Dazu gehört insbesondere die Unterbrechung von streßfördernden individuellen Reaktionsmustern auf bestimmte Situationen. Die Menschen sollen hier insgesamt einen flexibleren Umgang mit alltäglichen Streßsituationen entwickeln und gezielte Bewältigungsstrategien erlernen. Es werden also keine weiterreichenden Veränderungen von persönlichen Wertvorstellungen angestrebt, sondern nur Möglichkeiten zur Reduzierung von risikoreichen Überaktivierungen in der Situation eingeübt und so die Widerstandskraft gegen Streß erhöht.

Erst in *psychotherapeutischen Einzel-, Gruppen- sowie Verhaltenstherapien* wird eine tiefgreifendere Veränderung der *inneren Belastung* durch die risikoreiche Persönlichkeitsstruktur angestrebt. Am Beginn steht hier das vorrangige Ziel des Angstabbaus und der Stimmungsverbesserung nach dem einschneidenden Erlebnis des Herzinfarkts. Darüber hinaus sollen die Menschen aber Einsicht in ihre eigenen eingeschliffenen Verhaltensdispositionen gewinnen und persönliche Wertvorstellungen, die sie immer wieder in selbstüberfordernde Lebenssituationen und riskante emotionale Erregungszustände führen können, modifizieren bzw. revidieren.

Die Patienten sollen auch erkennen, daß sie Häufungen von selbst übernommenen Verpflichtungen wie Vereinstätigkeiten oder freiwillige Mehrarbeit, die sie in einem festen Zeitkorsett fesseln, vermeiden bzw. verringern müssen, um Risikokonstellationen erst gar nicht entstehen zu lassen. Eine ganze Anzahl *äußerer Belastungen,* wie z.B. Zwänge des Arbeitslebens, lassen sich allerdings oft nicht vermeiden. Hier wird es darauf ankommen, Arbeitsplätze mit hoher Lärmbelastung, Nacht- oder Schichtarbeit im Hinblick auf ihr Risikopotential zu untersuchen und *arbeitspolitische Maßnahmen* zur Verringerung der Belastung durchzusetzen.

Andererseits ist bekannt, daß die *soziale Unterstützung*, die in engen sozialen Bindungen gewährt wird, den aus Belastungssituationen resultierenden psychosozialen Streß abpuffert und deshalb einen gewissen *Schutzfaktor* darstellt (vgl. BEUTEL 1988, 53ff.). "Je stärker eine Person in ein soziales Beziehungsgefüge mit wichtigen Bezugspersonen eingebunden ist, desto besser kann diese Person mit ungünstigen sozialen Lebensbedingungen, kritischen Lebensereignissen und andauernden Lebensbelastungen umgehen. ... In Analogie zu biologischen Schutz- und Immunsystemen wird auch oft vom sozialen Netzwerk als 'sozialem Immunsystem' gesprochen" (HURRELMANN 1991, 112). Soziale Unterstützung wird vor allem in wichtigen engen sozialen Beziehungen und konkreten zwischenmenschlichen Umgangsprozessen geleistet. Im vertrauensvollen Gespräch, dem geselligen Beisammensein mit Freunden und mit der Familie erfährt der einzelne notwendige Gefühle der Anerkennung, Bestätigung, Zuneigung, Teilnahme, Unterstützung, Beratung und Information. Der Austausch über die alltäglichen Belastungen gibt Sicherheit, erhöhtn das Selbstwertgefühl und vermittelt Kompetenzen in sozialen Beziehungen. In diesen Prozessen werden das Selbstbild des Menschen und seine positiven Gefühle insgesamt gestärkt. Fehlt die Möglichkeit zu sozialem Kontakt mit seinen positiven, die Lebensbewältigung unterstützenden Aspekten, dann wächst das Risiko physischer und psychischer Erkrankung (vgl. SIEGRIST 1986).

Ambulante Herzsportgruppen können die *Funktion* eines derartigen *unterstützenden sozialen Beziehungssystems* übernehmen. Die regelmäßigen sozialen Kontakte mit Betroffenen führen oft zu einer Einbettung in ein enges soziales Netzwerk. Das Gefühl gegenseitiger Unterstützung, das hier vermittelt wird, hat positive Effekte auf die Bewältigung der Krankheit.

Betrachtet man vor dem Hintergrund der vielfältigen therapeutischen Ansätze, die jeweils auf andere Bedingungsebenen bzw. Risikofaktoren für die Entstehung des Herzinfarkts abzielen, die existierende Praxis, so wird deutlich, daß das Hauptaugenmerk immer noch auf der *Beeinflussung körperlicher Faktoren* liegt. Es dominieren naturwissenschaftlich-medizinisch begründete Ansätze, die chirurgische Eingriffe vornehmen oder eine medikamentöse Behandlung einsetzen. Auch die Bewegungstherapie zielt hauptsächlich auf die Beeinflussung der Stoffwechselebene und legt unter dieser Maßgabe großen Wert auf ein exakt dosiertes ausdauerorientiertes Training. Die sozialen und personalen Bedingungen bleiben dabei weitgehend außen vor.

Durch diese Funktionsorientierung werden die Chancen für ein "unmittelbares Be-greifen, Be-arbeiten und Be-halten" (BERNIEN 1992, 65), die in der sportlichen und spielerischen Bewegung grundsätzlich angelegt sind, vollständig vergeben. Die therapeutischen Erfahrungen zeigen immer deutlicher, daß es für eine sinnvolle Rehabilitation nicht ausreicht, einzelne Risikofaktoren isoliert zu kontrollieren und so das alltägliche Leben bzw. riskante Verhaltensformen der Herzinfarktpatienten in negativer Weise mit Verboten und Vorgaben zu umstellen. Die risikoreichen Lebensanteile sind, wie gezeigt, das Resultat eines komplexen Zusammenspiels, das in der persönlichen Lebensgeschichte und der individuellen Lebensführung ihren Niederschlag findet. Um die Menschen noch zu bewegen und in Bewegung zu bringen, muß man ihnen die Erfahrung zugänglich machen, daß ihre Persönlichkeit auch noch andere Aspekte umfaßt und sie ungenutzte Möglichkeiten und Handlungsspielräume zur Gestaltung ihres Lebens besitzen. Letztlich müssen sie selbst in die Lage versetzt und dazu ermutigt werden, ihr Leben unter Beachtung von Gesundheitsrisiken selbst zu gestalten.

Eine gezielte *Bewegungstherapie* kann zu einer derartigen *Veränderung der Persönlichkeit* beitragen, aber "die psychotherapeutischen Effekte stellen sich nicht als Begleiteffekte der verbesserten physischen Leistungsfähigkeit, d.h. als Sekundäreffekte einer somatisch ausgerichteten Behandlung ein, sondern es bedarf gezielter und qualifizierter Interventionen und Bemühungen, um das in den Körpererfahrungen liegende Potential zu nutzen" (LANGOSCH 1988a, 40). Positive Einflüsse auf die Persönlichkeit ergeben sich bei der Bewegungstherapie also nicht von selbst und quasi nebenbei. Um die skizzierten Ziele zu erreichen, muß man sich in der Bewegungstherapie besonderer methodischer Verfahrensweisen bedienen, spezielle Inhalte berücksichtigen und als Bewegungstherapeut bestimmte Verhaltensweisen zeigen.

2. Die Perspektive einer spielorientierten Bewegungstherapie

Die komplexe Zielstellung der Rehabilitation und der Bewegungstherapie

Zur Aufrechterhaltung ihrer Gesundheit müssen die Menschen über bestimmte Fähigkeiten zur Bewältigung von Anforderungen des alltäglichen Lebens verfügen. "Körperliche, seelische und soziale Gesundheit in diesem umfassenden Verständnis ist nur möglich, wenn eine Person konstruktive Sozialbeziehungen aufbauen kann, sozial integriert ist, die eigene Lebensgestaltung an die wechselhaften Belastungen des Lebensumfeldes anpassen und dabei die persönlichen Bedürfnisse ausdrücken und Sinnerfüllung finden kann, und wenn alles dies im Einklang mit den biogenetischen und physiologischen Potentialen und den körperlichen Möglichkeiten geschieht" (HURRELMANN 1991, 164). Wie aufgezeigt, werden bei der Genese des Herzinfarkts die Potentiale des Menschen durch die Anforderungen der Lebenswelt längere Zeit überfordert. Die Erkrankung auf der körperlichen Ebene ist nur die anatomische Manifestation eines langfristig ablaufenden Prozesses. Für die Rehabilitation stellt sich demgemäß die Aufgabe, die Fähigkeiten der Menschen unter Berücksichtigung der neu gegebenen, eingeschränkten körperlichen Belastungsfähigkeit so weit zu stärken und zu beeinflussen, daß sie zu einer persönlich befriedigenden Lebensführung finden können. Unter dieser Perspektive dürfen sich rehabilitative Maßnahmen nicht darin erschöpfen, einzelne Risikofaktoren isoliert zu bekämpfen, sondern sie müssen die Menschen dazu befähigen, eine neue Balance zwischen den Anforderungen, die das Leben an sie stellt, und den eigenen Möglichkeiten zu finden. Man muß ihre personalen und sozialen Bewältigungsressourcen stärken und darf nicht nur bestimmte Körperfunktionen verändern bzw. konkrete Verhaltensweisen vorgeben, die befolgt werden müssen.

Der Herzinfarkt geht für die Betroffenen mit dem Erlebnis eines massiven Verlustes ihres von unbegrenzt erscheinender Leistungsfähigkeit geprägten Selbstbildes und mit Einschränkungen in Beruf und Freizeit einher. Die Bewegungstherapie kann einen wichtigen Beitrag dazu leisten, daß die Herzpatienten in sozialer und emotionaler Hinsicht gefestigt werden und lernen, mit der neuen Situation umzugehen. Nach LANGOSCH (1992c, 219f.) trägt allerdings weniger die durch das Bewegungstraining erhöhte physische Leistungsfähigkeit zur Stabilisierung der Persönlichkeit von Herzinfarktpatienten bei, sondern mehr die damit verbundenen positiven Körper- bzw. Selbsterfahrungen. Die Bewegungstherapie darf deshalb nicht nur aus einem körperlichen Training bestehen, sondern in ihr muß der Initiierung positiver Erfahrungen im Umgang mit dem eigenen Körper, der Bewegung, der Umwelt und anderen Menschen zumindest ebensogroße Aufmerksamkeit geschenkt werden. Für LANGOSCH (1988a, 38) kann dabei die Bewegung nur dann psychotherapeutisch erfolgreich sein, wenn "sie sich nicht auf das Ziel, 'Verbesserung der physischen Kondition' beschränkt, sondern die Veränderung der Selbsttheorie vermittels neuer positiv erlebter Körpererfahrung verfolgt".

LANGOSCH (vgl. 1988a, 40) verbindet mit dieser erweiterten Zielsetzung für die Bewegungstherapie die Forderung, daß sie gezielt in ein psychosomatisches Behandlungskonzept eingebunden werden muß, das weitere psychotherapeutische Maßnahmen mit umfaßt. Dieser Anspruch kann natürlich nur im Rahmen der klinischen Rehabilitation realisiert werden, wo ein Team von Experten aus unterschiedlichen Fachdisziplinen zusammenarbeitet. Gleichzeitig sind die Patienten in der Klinik relativ kurze Zeit nach dem einschneidenden Ereignis des Infarkts offener für eine Behandlung, die eine tiefgreifendere Veränderung ihres Selbstkonzepts und die Initiierung einer schonenden Lebensführung zum Ziel hat.

Das bedeutet nun aber nicht, daß in der Bewegungstherapie im Rahmen der ambulanten Rehabilitation, wo die Herzgruppenbetreuer normalerweise auf sich allein gestellt sind, keine Möglichkeit zur Beeinflussung der Teilnehmer mehr besteht. Die Leiter von Herzgruppen können und sollen natürlich nicht die Aufgabe von Psychotherapeuten übernehmen, aber über entsprechend gestaltete Bewegungsangebote können sie durchaus gezielt auf die Herzpatienten einwirken. Die ambulanten Herzgruppen haben zudem den großen Vorteil, daß die Patienten über einen längeren Zeitraum teilnehmen und dadurch zu einer festen Gruppe werden. Ambulante Herzgruppen tragen charakteristische Züge von Selbsthilfegruppen, in denen sich Menschen mit gleichartigen Krankheiten, Beschwerden und Ängsten sowie ähnlichen Problemlagen treffen und miteinander austauschen. Das schafft die Möglichkeit, daß die Teilnehmer sich aneinander gewöhnen, sich kennenlernen und dauerhafte soziale Kontakte untereinander und zum Leiter der Gruppe aufbauen. Erst wenn sich eine Gemeinschaft etabliert hat, eröffnet sich auf der Basis des gegenseitigen Vertrauens die Möglichkeit der Initiierung verschiedener Bewegungs- und Erfahrungssituationen, die mit einer Ansammlung von Menschen, die sich nur flüchtig kennen, kaum durchführbar sind. In der ambulanten Rehabilitation lassen sich aufgrund der längerfristigen Perspektive Veränderungen der Persönlichkeitsstrukturen auf lange Sicht anbahnen.

Die Bewegungstherapie im Rahmen der klinischen und ambulanten Rehabilitation kann einen sinnvollen Beitrag zum Erreichen einer befriedigenden Lebensqualität leisten, wenn sie den Aufbau von Bewältigungsmöglichkeiten auf verschiedenen Ebenen verfolgt. Auf der körperlichen Ebene wird durch die Initiierung von physiologischen Anpassungsprozessen, der Ökonomisierung der Herz-Kreislauf-Funktionen und positiven Veränderungen von Stoffwechselprozessen eine ausreichende Funktionsfähigkeit zur Bewältigung der alltäglichen Aufgaben und der beruflichen Anforderungen wiederhergestellt. Auf der psychischen Ebene muß die Entwicklung einer reflexiven Persönlichkeit mit der Fähigkeit zur variablen Wahrnehmung des eigenen Körpers sowie des eigenen Verhaltens und einer realistischen Einschätzung der Anforderungen der Welt unterstützt werden. Auf der sozialen Ebene sollte innerhalb der Gruppe soziale Unterstützung vermittelt und die Fähigkeit zur Gestaltung sozialer Beziehungen und persönlicher Bewältigungsverhaltensweisen gestärkt werden, mit denen schwierige Lebenssituationen zu bewältigen sind. Alle diese Maßnahmen zielen letztlich darauf ab, die Herzpatienten dazu zu befähigen, unter Berücksichtigung ihrer Krankheit eine persönlich akzeptable Lebensführung zu erreichen und für sich selbst wieder eine Zukunftsperspektive aufzubauen (vgl. LANGOSCH 1992a, 174).

Dazu müssen die Herzpatienten vor allem mehr über sich selbst und ihren Körper lernen und ihm mehr Beachtung schenken. Wenn sie die oft beobachtbaren Defizite im eigenen Spüren und Wahrnehmen abbauen, so wachsen sie gleichsam wieder in ihren eigenen Körper hinein. Sie erlangen einen sensibleren, aufmerksameren Zugang zu sich selbst und können einen realistischeren bzw. nicht überfordernden Umgang mit dem eigenen Körper entwickeln. Neben einem verbesserten Gefühl für körperliche Spannungs- und Entspannungszustände, einer realistischeren Selbstwahrnehmung und der Fähigkeit zu intensivem Erleben und zum Ausdruck eigener Befindlichkeiten, muß die Wahrnehmungfähigkeit für soziale Beziehungen und des eigenen Verhaltens in Interaktionssituationen entwickelt werden. Insbesondere sollen die Herzpatienten Erfahrungen damit machen, sich auf soziale Beziehungen einzulassen und auf die Zeichen anderer zu achten, ohne in Interaktionssituationen zu dominieren. Die Patienten sollen "Bewegt Werden und Bewegt Sein' - im Sinne eines Spürens und Empfindens für die eigene Körperlichkeit bzw. Persönlichkeit". Sie können so insgesamt "in

Bewegung kommen' - im Sinne eines Überdenkens der eigenen Einstellungs- und Verhaltensebene" (Fischer 1988b, 58f.). Dazu gilt es, sie anzuregen, eigene Lösungen und Möglichkeiten zu suchen, neue Wege zu erproben und miteinander zu vergleichen, festgefahrene Verhaltensstrategien in sozialen Situationen aufzugeben, eigene Maßstäbe für ihr Handeln zu entwickeln und sich nicht unreflektiert äußeren Leistungsnormen zu unterwerfen. Das entscheidende Ziel besteht aber wohl darin, die risikoreichen Persönlichkeitsmuster der Patienten zu öffnen und bislang vernachlässigte Dimensionen des Erlebens zugänglich zu machen, so daß sie in ihren Umgangsmöglichkeiten flexibler werden.

Zur Umsetzung der Rehabilitationsziele: die Perspektive einer spielorientierten Bewegungstherapie

Um eine derartige Zielsetzung zu erreichen, müssen in der Bewegungstherapie Erfahrungsräume geschaffen werden, in denen sich die Herzpatienten in der Bewegung und in der Interaktion mit anderen in vielfältiger Hinsicht selbst erleben können. Die meist älteren Patienten haben in ihrer Lebensgeschichte feste, gewachsene Einstellungen und Verhaltensweisen entwickelt. Appelle, die sich an ihre Einsicht richten und zu Veränderungen in der Lebensführung aufrufen, haben nur geringe Aussicht auf Erfolg. FISCHER (1987, 108) plädiert deshalb für *erlebnisorientierte Angebote*, die den Patienten die Möglichkeit geben sollen, in "für sie völlig neuen Bewegungssituationen ihren Körper anders zu entdecken, neue Erfahrungen zu sammeln ..., ohne an Leistung, Wettbewerb oder Perfektion zu denken". Allerdings bereiten den Herzpatienten Situationen, in denen sie andere, als die verinnerlichten leistungsorientierten Verhaltensmuster benötigen, oft große Probleme. Meist sind sie auf ein genaues Einhalten der Regeln und zähl- bzw. meßbare Erfolge bedacht, entwickeln kaum Phantasie und Kreativität im Hinblick auf neue Variationen und sind unfähig, sich auf Spiele einzulassen. Dieses spielfeindliche Verhalten korrespondiert mit den Grundorientierungen des A-Typs. Für FREUND (1983) ist die Unfähigkeit zu spielen, ja oft eine feindselige Einstellung gegenüber dem Spiel einzunehmen, das zentrale Problem von Herzinfarktpatienten. Sie nehmen alles ernst und sehr konkret, verstehen keinen Spaß, sind immer mit vollem Engagement bei der Sache und können sich eigene Fehler nicht eingestehen oder einfach akzeptieren. Letztlich drückt sich darin die Unfähigkeit aus, "von sich selbst ein Stück Abstand zu nehmen und distanziert zur eigenen Person eine andere Rolle aufzunehmen" (FREUND 1983, 34).

Eine zentrale Zieldimension der Bewegungstherapie muß es danach sein, die Herzinfarktpatienten dazu zu bringen, spielerischer mit sich selbst und den Anforderungen, die das Leben an sie stellt, umzugehen. Um den Blick für mögliche Handlungsspielräume zu öffnen, ist eine *spielorientierte Bewegungstherapie* erforderlich, in der die Erfahrung eines spielerischen Umgangs mit allen möglichen Aspekten der Lebenswelt im Zentrum steht und erfolgreiche Erfahrungen in der variablen Veränderung des Verhaltens gemacht werden können. In einer spielorientierten Bewegungstherapie soll die Fähigkeit entwickelt werden, andere Sichtweisen auf sich selbst und die Welt zu gewinnen und variabel mit ihnen umgehen zu lernen. Damit eröffnet sich erst die Perspektive, Lebensorientierungen wirklich zu überdenken und sich zu wandeln. Im Spiel können neue Erfahrungen zugänglich gemacht werden, die die Patienten dazu veranlassen sollen, risikoreiche Einstellungen zu revidieren, zu entdecken, was für sie gut und richtig ist und sie dazu ermutigen, den Alltag neu zu gestalten.

Spiel als variabler sozialer Erfahrungsraum

Es stellt sich die Frage, wie mit dem Spiel im Rahmen der Bewegungstherapie umgegangen werden muß bzw. welche Formen des Spiels dazu geeignet sind, um diese Ziele zu erreichen. Das Spiel ist ein enorm vielschichtiges, wahrscheinlich nie endgültig zu klärendes Phänomen, daß in diesem Rahmen nicht umfassend bestimmt werden kann. Wichtig für die anvisierte Zielsetzung ist, daß im Spiel über die Regeln ein *Erfahrungsraum* konstituiert wird, in dem Menschen in einer dichten Handlungsfolge mit unterschiedlichen Mitspielern interagieren, die Folgen ihrer Handlungen direkt erleben und so insgesamt Erfahrungen mit sich selbst und anderen machen. Über die Regeln wird eine *Spielwelt* aufgebaut, in der die Spieler unter bestimmten Vorgaben handeln, auf die gegenseitigen Aktionen und Handlungsabsichten achten müssen und die Möglichkeiten, die die Regeln eröffnen, austesten. Im Spiel wird so mit den eigenen und fremden Verhaltensformen experimentiert. Man verhält sich in einer Situation auf eine bestimmte Weise und bekommt sofort eine Rückmeldung darüber. Man agiert und erfährt die Konsequenzen seines Handelns, die man im weiteren Spielverlauf berücksichtigen muß. Ein Spiel ist wie ein Interaktionsknoten, in dem Menschen in einer komprimierten Form mit großer Erlebnisdichte ganz bestimmte Formen, wie Menschen miteinander umgehen, handelnd kennenlernen. Spiele sind kleine *Modelle der sozialen Welt*, in denen in einer als-ob-Situation, die im Erleben der Spieler durch eine grundsätzliche

Nicht-Ernsthaftigkeit gekennzeichnet ist, viele unterschiedliche Beziehungsformen spielerisch erprobt bzw. durchgespielt werden. Dabei können die Interaktionserfahrungen des Fliehens oder Standhaltens, des Angreifens oder Sich-Zurücknehmens, des Dominierens oder Sich-Anpassens, des Nehmens oder Gebens, des Vertrauens oder des vorsichtigen Distanz-Haltens und vieles andere mehr gemacht werden.

Die Spielregeln geben dabei nicht explizit vor, was im Spiel geschieht, sondern sie setzen einen begrenzenden Rahmen, in dem die Spieler frei handeln können. Ein Spiel hat genau definierte Grenzen, in denen Aktionen mit offenem Ausgang stattfinden und es oft zu überraschenden Verläufen und spannenden Erfahrungen im Umgang mit Spielobjekten und Mitspielern kommt. Deshalb lassen sich die Entwicklungen und Ausgänge von Spielen auch nie voraussagen, sondern sie zeigen unberechenbare Abläufe. Das Spiel ist gleichsam ein Erfahrungsfeld für gesellschaftlich dominante Verhaltensweisen und Beziehungsmuster, wie z.B. in den Sportspielen, gleichzeitig aber auch ein *Erprobungsfeld für alternative Handlungsformen* (vgl. SUTTON-SMITH 1978). Diese charakteristische Eigenart des Spiels kann genutzt werden, um über Regeln einen Raum zu etablieren, in dem ganz bestimmte Erfahrungen vermittelt werden können, die Spieler auf der anderen Seite aber auch die Erfahrung machen, daß das eigene Verhalten flexibel verändert werden kann.

In einer Bewegungstherapie, in der den Patienten durch Spiele die eigene Persönlichkeit und eigene Verhaltensmuster konkret erfahrbar gemacht und die Entwicklung variabler Handlungsmuster angestoßen werden sollen, müssen geeignete Spielformen eingesetzt werden. Die meisten der bekannten Spiele sind im Verlauf des Vordringens der sportlichen Bewegungsspielkultur, in der die Prinzipien der Überbietung und Konkurrenz vorherrschen, einseitig geformt worden. Doch nicht nur die ausschließliche Ausrichtung am Erfolg ist bei der sportlichen Form des Spiels kritisch zu beurteilen, sondern vor allem auch die eingefahrene Ritualisierung der Spielmuster und die strenge Orientierung an festgelegten Regeln. Die Menschen machen hier nicht nur die Erfahrung, daß ausschließlich ziel- und konkurrenzorientierte Verhaltensweisen gefragt und erfolgreich sind, sondern daß die Regeln von außen definiert und festgelegt sind. Diese eindimensionalen Perspektiven versperren den Weg zu einer wichtigen Erfahrungsdimension des Spiels, die in einer spielorientierten Bewegungstherapie von zentraler Bedeutung ist. Die Muster des Spiels sind prinzipiell enorm variabel und werden, wie man im Spiel jüngerer Kinder gut beobachten kann, ständig variiert, neu ausgehandelt, verändert und den wechselnden Bedürfnissen entsprechend angepaßt. Spiele sind nie endgültig geregelt, sondern sie basieren auf einer Grundidee, die *Raum für Neuinterpretationen und vielfältige Variationen* offenläßt und sich durch rasch wechselnde Situationen auszeichnet.

Die Spiele im Rahmen der Bewegungstherapie sollen immer wieder aufs neue und auf andere Weise Möglichkeiten für soziale Interaktionen bieten und die Ausbildung von starren Verhaltensmustern oder womöglich sogar von Hierarchien aufgrund unterschiedlicher Leistungsfähigkeit verhindern. Dafür sind viele Spiele mit verschiedenen Objekten wie Bällen, Stäben, Seilen oder Reifen und unterschiedlichsten Spielmustern in bezug auf das Laufen, das Fangen und Werfen, das Wahrnehmen usw. erforderlich, über die immer wieder andere Situationen geschaffen werden, in denen die Mitspieler die *Variabilität und Veränderbarkeit der Beziehungen zur Welt und zu anderen Mitspielern erleben* können. Besonders wichtig sind auch vielfältige Variationsmöglichkeiten der grundlegenden Spielideen, weil sie die Perspektive der flexiblen Abwandlung von Spielen aufzeigen und durch sie die Gestaltbarkeit der sozialen Interaktionen erfahrbar gemacht werden kann.

Die im folgenden Praxisteil aufgeführten Spielideen zeigen deshalb viele Variationsformen mit auf, durch die die Spiele immer wieder fortentwickelt und verändert werden können. Die dadurch entstehenden ähnlichen und trotzdem neuartigen Situationen können von den Mitspielern nicht mehr durch festgelegte Handlungsmuster beantwortet werden, sondern sie erfordern ein hohes Maß an Flexibilität und die Fähigkeit, variabel, schnell und geschickt zu reagieren. Über die Entwicklung von Spielverständnis und Spielwitz in variierenden Spielsituationen sollen so die Persönlichkeitsstrukturen der Mitspielenden beeinflußt werden. Sie sollen hier die Erfahrung machen, daß sie sich ohne Angst neuen Situationen stellen und neuartigen Umgangsweisen mit der Welt, anderen Mitspielern und ihrem eigenen Körper offen zuwenden können. Sie erfahren, daß sie in Situationen Wahlmöglichkeiten haben und ihre Verhaltensmuster ändern können. Im Spiel entdecken sie sozusagen andere, bisher verborgene Seiten ihrer selbst und erleben, wie sie einmal ganz anders sein können.

Ganz gewiß hat ein spielorientiertes Arbeiten in der Bewegungstherapie auch den Vorteil, daß Spaß und Freude vermittelt und die Motivation für die langfristige Teilnahme geweckt wird. Beläßt man es allerdings bei dieser Funktion, so verkennt und vergibt man die *pädagogischen Möglichkeiten zur Um- und Neuorientierung* der Herzinfarktpatienten, die im Spiel liegen. Hier werden keine Verhaltensvorschriften gemacht, die bei den gewachsenen Persönlichkeiten oft auf Ablehnung stoßen. Die spielorientierte Herangehensweise ist eher indirekt, da über die Regelrahmen der Spiele ein Raum für eigene Erfahrungsmöglichkeiten geschaffen wird. Spiel wird hier nicht funktional zur Erreichung bestimmter Zwecke und Lernziele eingesetzt, sondern es geht um die Bereitstellung von Rahmen, in denen sich bestimmte soziale Interaktionen ereignen können, die sich von dem abheben und über das hinausgehen, was die Menschen früher erlebt und erfahren haben. Gleichzeitig werden diese Spielrahmen immer wieder variiert und weiterentwickelt, um die Fähigkeit zur erfinderischen und variablen Anpassung an sich verändernde Gegebenheiten zu entwickeln.

Die Menschen können in bestimmten Spielsituationen aber auch erfahren, wie sie auf mit bestimmten Aufgaben verbundene Anforderungen reagieren. Ihr Verhalten ist ein direkter Ausdruck der sie bestimmenden Einstellungen bzw. individueller Problemlagen. Man kann die Schwierigkeiten, die sie hier unmittelbar erleben, bei Bedarf im Gespräch im nachhinein thematisieren und die zugrundeliegenden Verhaltensmuster ins Bewußtsein rücken, um die Patienten so zu einem *Überdenken der eigenen Lebensorientierungen* anzustoßen. Allerdings sollten solche Gespräche nicht erzwungen werden. Nur wenn die Erlebnisse die Patienten zur Äußerung ihrer Eindrücke veranlassen und sie darüber ohne Widerwillen zu sprechen bereit sind, sollten die Erfahrungen gemeinsam reflektiert werden. Die Teilnehmer, die ihre Erkrankung oft nur als Defekt eines Körperorgans sehen, können so Einsicht in die Zusammenhänge der eigenen Krankheitsentstehung gewinnen. Sie verstehen aufgrund der Erfahrungen besser, daß der Herzinfarkt Ausdruck und Ergebnis ihrer Lebensführung und der sozialen Verhältnisse ist, in denen sie stehen. Man muß sich aber immer im klaren sein, daß den Teilnehmern die Verantwortlichkeit für die Erkrankung über ihre risikoreiche Verhaltensformen nicht individuell zugeschrieben werden darf. Wie gezeigt, gibt es soziale Verhältnisse, die man zum Teil nicht verändern kann und mit denen man möglichst gesundheitsschonend leben lernen muß.

Die Aufklärung über risikoreiche Verhaltensweisen und die funktionsorientierte Bewegungstherapie werden mit Sicherheit weiterhin einen wichtigen Stellenwert im Rahmen der Rehabilitation behalten. Nicht zuletzt können so in der ersten Rehabilitationsphase nach dem Herzinfarktereignis körperliche

Belastungen gezielt gesteuert und die Funktionsfähigkeit ohne eine Gefahr der Überforderung kontinuierlich wiederaufgebaut werden. *Spielorientierte Erfahrungssituationen zur Beeinflussung und Öffnung der Persönlichkeit* müssen daneben allerdings eine gleichberechtigte Stellung erhalten, wenn man die nachgewiesenen sozialen und personalen Entstehungsbedingungen für den Herzinfarkt mit angehen will. Dabei wird man immer auf eine mögliche Selbstüberforderung der Patienten achten müssen. Spiele, die spannend sind, fordern die Fähigkeiten der Patienten in besonderem Maße heraus. Hier gilt es, eine spannungsreiche Balance zwischen den physischen sowie psychischen Möglichkeiten und der gestellten Spielaufgabe zu finden und gleichzeitig durch besondere Regeln eine Überforderung der Teilnehmer zu verhindern. Die im folgenden Praxisteil aufgeführten Spiele haben sich im Rahmen der Bewegungstherapie bewährt und sind speziell auf die eingeschränkten köperlichen Fähigkeiten der Patienten abgestimmt. Durch die vielen Variationsmöglichkeiten können sie den aktuellen Fähigkeiten der Teilnehmer immer wieder neu angepaßt und Gefährdungen so weitgehend ausgeschlossen werden.

Jedem, der im Bereich der Erwachsenenbildung tätig ist, ist natürlich klar, daß durch die in verschiedenen Spielsituationen gemachten Erfahrungen die über Jahrzehnte entwickelten Handlungsorientierungen nicht plötzlich verändert werden können. Aber die über spielerische und sportliche Bewegung vermittelten neuen, positiven Erfahrungen im Umgang mit der Welt, mit anderen Menschen und mit dem eigenen Körper können zu einem Ausgangspunkt für weiterreichende Veränderungen der Persönlichkeit von Herzpatienten werden. Zumindest kann die oft rigide Verhaltensorientierung durch die Erfahrung eines flexiblen Umgangs mit Alternativen und Variationen positiv beeinflußt und die Kompetenz im Umgang mit zwischenmenschlichen Situationen sowie neuartigen Ereignissen gestärkt werden. Die Spielerfahrungen können auch dazu beitragen, daß die Patienten lernen, Herausforderungen flexibel zu begegnen und sie nicht nur als überwältigende Anforderungen anzusehen. Sie entwickeln so ein zuversichtliches Selbstwertgefühl und erleben, daß auch nicht leistungsorientierte, entspannende Situationen ein Genuß sein können. Letztlich zielt eine spielorientierte Bewegungstherapie aber darauf, daß die *Menschen lernen, mit allen Aspekten ihres Lebens flexibler umzugehen.*

3. Spielen im Alterssport

Die Ziele des Alterssports

Auch heute noch trifft die Feststellung von KURZ (1981, 12) zu, der feststellt: "Die meisten wissenschaftlichen Beiträge, nach Zahl und Gesamtumfang offensichtlich weit über die Hälfte, sind medizinisch orientiert. Sie betreffen also vorwiegend die biologisch-körperlichen Prozesse des Alterns und die Auswirkungen körperlicher Belastungen auf diese Prozesse." Meist wird eine Verminderung der organischen Leistungsfähigkeit, ein Nachlassen der körperlichen Anpassungsfähigkeit, eine qualitative Verschlechterung der anatomischen Strukturen sowie der Stoffwechselaktivitäten und das vermehrte Auftreten von Krankheiten (vgl. MEUSEL 1981, 116f., MEUSEL 1987) zum Anlaß genommen, "Sport als Geroprophylaxe" (LEHR 1981, 100) einzusetzen. Der Sinn sportlicher Aktivität wird vor allem in einem *gezielten, speziell ausdauerorientierten Bewegungstraining* gesehen, das der Entstehung von Herzkreislaufkrankheiten vorbeugen und die Entstehung von Risikofaktoren, wie z.B. Bewegungsmangel, verhindern soll. Mit Sport kann demnach dem "fortschreitenden Schrumpfprozeß" bzw. der "Inaktivitätsatrophie" vorgebeugt werden, denn "ein vermehrter Anspruch vermehrt die Funktionen und erhält sie aktiv; ein verminderter Anspruch vermindert sie" (ebd. 1981, 101).

Darüber hinaus können Erfolgserlebnisse und Spaß im Sport das im Alter verminderte *Selbstvertrauen* wieder stärken, zur Lebensfreude beitragen und das psychische Wohlbefinden verbessern. In sozialer Hinsicht kommt es zu vermehrten Sozialkontakten, die einer *Vereinsamung* im Alter *vorbeugen* sollen. Insgesamt geht es offensichtlich im Alterssport vor allem um "die Erhaltung des erreichten Bestandes gegenüber biologisch und psychosozial angelegten Abbautendenzen. ... Deswegen stehen Gesundheit, Verzögerung von Altersprozessen und die Verbesserung der individualen und sozialen Situation im Vordergrund" (MEUSEL 1981, 116).

Deutlich steht hinter solchen Zielsetzungen eine Grundauffassung, die das Alter am Maßstab ordnungsgemäßer körperlicher und geistiger Funktionen im Erwachsenenalter mißt. Unter dieser Perspektive muß das *Altern als ein Verlustprozeß* erscheinen, der durch richtig dosierte Bewegungsaktivitäten letztlich zwar nicht verhindert, aber verzögert werden kann. Die Devise *'20 Jahre 40 bleiben'* bringt diese Vorstellung wohl unabsichtlich auf den Punkt. Versteht man den Alterssport als einen Bereich, in dem es Älteren gelingen kann, ihre psychische Struktur zu stabilisieren, denn "hier kann man sich selber und anderen demonstrieren, daß man noch nicht abgeschrieben ist oder zum alten Eisen gehört" (ebd. 118), dann wird die mangelnde Auseinandersetzung mit der eigenen Geschichte und den Problemen des Alterns besonders deutlich. Sucht man im Sport vor allem "einen gewissen Ersatz ... ein subjektives Gleichgewicht gegen den sonstigen Abbau der Leistungsfähigkeit im Alter" (KURZ 1981, 22), so wird dabei die notwendige Zuwendung zu den Veränderungen des eigenen Lebens im Alter massiv verdrängt.

Durch die *Reduzierung der Existenz auf körperliche und psychische Funktionen* und deren möglichst langen Erhalt durch sportliches Training wird der Mensch aus den lebensweltlichen Zusammenhängen, in denen er immer steht, ausgegrenzt und die gerade im Alter schwierige Aufgabe einer gelingenden Lebensführung auf den Aspekt einer möglichst langen Bewahrung der Leistungsfähigkeit reduziert. Eine alternative Zielvorstellung für den Alterssport kommt erst in den Blick, wenn man diese von den Aufgaben her zu bestimmen versucht, die alte Menschen in komplexen Gesellschaften heute bewältigen müssen.

Zur Entwicklung und Aufgabe der Altersphase

In diesem Jahrhundert hat es aufgrund der immens gestiegenen individuellen Lebenserwartung einen grundlegenden Wandel in den Lebensverläufen der Menschen gegeben. Früher drohte der Tod in jedem Lebensalter, und es war aufgrund der widrigen Lebensumstände sehr unwahrscheinlich und zudem für den einzelnen völlig unvorhersehbar, ein hohes Lebensalter zu erreichen. Heute kann dagegen jeder mit großer Wahrscheinlichkeit davon ausgehen, daß er eine *siebzig bis achtzig Jahre währende Lebensspanne* zur Verfügung hat, die nur von relativ seltenen Unfällen oder schweren Krankheiten gefährdet ist. Die unsichere Lebenszeit früherer Zeiten ist heute durch eine unvergleichlich sicherere abgelöst worden (vgl. IMHOF 1988).

Wenn ein Mensch im vergangenen Jahrhundert ein hohes Alter erreichte, so arbeitete er zudem meist bis an sein Lebensende. Heute ist durch die Verlängerung der Lebenszeit und die gesunkene Lebensarbeitszeit in den modernen Industriegesellschaften innerhalb der normalen Lebensläufe eine lange und für den einzelnen *frei verfügbare Altersphase* entstanden, die es bislang in der Geschichte der Menschheit noch nie gegeben hat. Gerontologen sprechen geradezu von den *'gewonnenen Jahren'*, und in den USA wurde zur Bezeichnung der Älteren das Kürzel 'Selpies' für 'Second Life People' geprägt. Man versteht das Alter heute nicht mehr nur als abschließende Phase des Lebens, sondern als einen oft fünfzehn bis zwanzig Jahre dauernden Lebensabschnitt, den viele bei guter Gesundheit erleben und der ohne Arbeits- und Familienverpflichtungen selbständig gefüllt werden kann.

Gerade auf diese Aufgabe der eigenständigen Gestaltung eines von gesellschaftlich definierten Anforderungen und Pflichten weitgehend freien Lebensraumes sind viele Menschen nach einem langen Arbeitsleben kaum vorbereitet. Der Beginn der nachberuflichen Phase stellt einen *radikalen Bruch* im sozialen Umfeld, dem gesellschaftlichen Status und dem persönlichen Selbstwertgefühl dar, den viele als 'plötzliche Leere' erleben. Die bislang geltenden Wertmaßstäbe verlieren in vieler Hinsicht ihre Gültigkeit. Man wird aus dem gewohnten Lebensrhythmus herausgelöst und ist plötzlich auf sich selbst gestellt. "In der nachberuflichen Lebensphase stehen die Menschen vor dem Problem, nunmehr die gesamte Gestaltung ihres Lebens selbst in die Hand zu nehmen, da die früher selbstverständliche außengelenkte Sinngebung wegfällt" (OBERSTE-LEHN 1985, 376).

Das Alter stellt den Menschen in der heutigen Zeit in vieler Hinsicht vollkommen neuartige Probleme, für deren Lösung es *keine historischen Vorbilder* gibt. Waren in den stark traditionsgebundenen früheren Gesellschaften die Lebensläufe und Lebenschancen weitgehend festgelegt, so steht in den modernen Gesellschaften durch die extreme Individualisierung jeder vor der schwierigen Aufgabe einer selbständigen Lebensgestaltung, in deren Verlauf zwischen vielen möglichen Alternativen entschieden bzw. gewählt werden muß. Die Biographien sind durch viele *schwierige Übergänge*, im Alter vor allem Pensionierung, Ablösung von den eigenen Kindern, Neudefinition der Partnerbeziehung oder Klärung des eigenen Selbstverständnisses nach der beruflichen Karriere bzw. der Familienrolle gekennzeichnet. Das Altwerden ist unvermeidlich mit *Verlusten* verbunden, die akzeptiert und gemeistert werden müssen. Oft reichen die gewohnten Bewältigungsmöglichkeiten, über die der einzelne verfügt, für diese Situationen nicht mehr aus, und das Zurechtfinden ist für viele mit großen Anpassungsproblemen, unproduktiven Lösungsversuchen und damit einhergehend, einer erhöhten Erkrankungsgefahr verbunden (vgl. HURRELMANN 1991, 93ff.). "Die *Ausgrenzung aus dem Berufsleben* bedeutet somit für *manch einen eine große Chance, nach einem neuen Start ein neues*

Leben zu beginnen. Doch für *viele Menschen* bedeutet der (vorzeitige) Ruhestand eher eine *Minderung der Lebensqualität, Isolation und Einsamkeit*" (LEHR 1987, 42).

Das Alter ist heute ein "individuell zu verarbeitender Spannungszustand" (ROSENMAYR 1978, 36) geworden. Jeder muß lernen, sich mit verändernden Lebenssituationen, und hier insbesondere mit den *Übergangsphasen im Lebenszyklus*, auseinanderzusetzen und sich an die neu gegebenen Lebensbedingungen anzupassen. Die Lösung dieser Aufgabe kann je nach individueller Biographie, besonderer Situation und persönlichen Kompetenzen mehr oder weniger gelingen. Erfolgt aber "eine solche Auseinandersetzung an diesen 'Einschnitten' oder subjektiv erlebten Wendepunkten im gesamten Lebenslauf jeweils zur individuell 'rechten Zeit' und führt sie zu persönlichkeitsspezifisch 'richtigen Lösungen', dann sind die Weichen für ein 'successfull aging', für ein erfolgreiches Altern, bei psychophysischem Wohlbefinden gestellt" (LEHR 1978, 333).

Um die Menschen dabei zu unterstützen, ihr Alter persönlich zufriedenstellend zu gestalten, ist es im Rahmen von *Bildungsmaßnahmen im Alter*, zu denen auch der *Alterssport* zu zählen ist, von entscheidender Bedeutung, die *Ressourcen des einzelnen zur Lebensbewältigung* zu stärken. Hier geht es zum einen um die personalen Ressourcen, also den "persönlichen Verarbeitungsstil von Lebensrealität und Lebensbelastung und die individuell zur Verfügung stehenden Handlungskapazitäten der Bewältigung von Lebenssituationen" und zum anderen um die sozialen Ressourcen, "womit die verschiedenen Unterstützungen aus der sozialen Umwelt und dem Netzwerk der Sozialbeziehungen angesprochen sind, die eine Person zur Verfügung hat oder in Belastungssituationen aktivieren kann" (HURRELMANN 1991, 93).

Die personalen und sozialen Ressourcen sollen insbesondere dazu beitragen, im Rückblick auf das eigene Leben sich selbst zu finden und einen neuen Lebenssinn für die Phase des Alters zu entwerfen. Nur wenn es dem einzelnen gelingt, auch noch im Alter eine tragfähige, und d.h. realistische individuelle Lebensperspektive zu entwerfen, kann er persönliche Lebenszufriedenheit und Gesundheit erreichen (vgl. WEINBACH 1983). "Gesundheit spiegelt die subjektive Verarbeitung und Bewältigung gesellschaftlicher Verhältnisse. Gesundheit ist nur möglich, wenn eine Person konstruktiv Sozialbeziehungen aufbauen kann, sozial integriert ist, die eigene Lebensgestaltung an die wechselhaften Belastungen des Umfeldes anpassen kann, dabei individuelle Selbstbestimmung sichern und den Einklang mit den biogenetischen, physiologischen und körperlichen Möglichkeiten herstellen kann" (HURRELMANN 1991, 17).

Der Stellenwert des Spielens im Alterssport

Die "Entwicklung von Strategien zur Bewältigung konkreter Lebenslagen und Anforderungen" und der "Fähigkeit, ein selbstverantwortliches und aufgabenbezogenes Leben zu führen" (KRUSE/LEHR 1989, 332) darf sich im Alterssport nicht nur darin erschöpfen, die Ausbildung von motorischen Grundeigenschaften wie Ausdauer, Flexibilität oder Koordination zu unterstützen bzw. körperliche Verbesserungen unter medizinischen Aspekten zu verfolgen. In sportlichen und spielerischen Bewegungsaktivitäten können die Kompetenzen Älterer zur produktiven Auseinandersetzung mit den Anforderungen ihrer besonderen Lebenssituationen noch in ganz anderen Hinsichten gefördert werden.

Versucht man im Alterssport nur im Sinne einer *Beschäftigungsmaßnahme* oder einer *Bewegungstherapie* zu geeigneten körperlichen Aktivitäten anzuregen, so vergibt man die in sportlichen und spielerischen Aktivitäten angelegten Möglichkeiten. Betrachtet man aber "Sport als ein sinnliches, körperliches und soziales Erlebnisphänomen" (DREISBACH 1983a, 14) und insbesondere das Spiel als einen besonderen *sozialen und personalen Erfahrungsraum*, so können hier im Sinne einer Bildung über Bewegung neue Erfahrungen zugänglich gemacht, vielseitige Anstöße gegeben und unbekannte Formen der Auseinandersetzung mit anderen Menschen sowie der Welt zugänglich gemacht werden. "Bewegung ist der Schlüssel zu einer aktiven Auseinandersetzung mit der Umwelt, bei der lange verborgene oder auch ganz neue Fähigkeiten ausgebildet werden" (BRINCKMANN/RODER 1985, 27). Danach können im Alterssport weiterreichende Einstellungen und Haltungen entwickelt werden, die eigene Situation zu reflektieren, sich mit sich selbst und anderen auseinanderzusetzen und mit sozialen Situationen aktiv umzugehen. Insbesondere der Entfaltung unterschiedlicher Formen der Kommunikation und sozialen Interaktion kommt dabei große Bedeutung zu. In einem *spielorientierten Bewegungsunterricht* sollten gerade in dieser Lebensphase die Potentiale des Menschen gestärkt werden, die ihn dazu befähigen, die anstehenden krisenhaften Belastungen des Alterns positiv zu lösen und eine *neue Perspektive für das eigene Leben zu entwerfen.*

Schon die äußeren Rahmenbedingungen führen dazu, daß Menschen, die sich im gleichen Lebensabschnitt befinden, bei gemeinsamen Bewegungsaktivitäten bzw. der regelmäßigen Teilnahme an Sportgruppen, aber auch in anderen geselligen Formen zusammenkommen und, ähnlich wie in Selbsthilfegruppen, ein kommunikativer Austausch entsteht. Gerade die Auseinandersetzung mit anderen Älteren kann zur *Reflektion der eigenen Lebenssituation* führen. Oft wird hier auch ein neues soziales Bezugssystem aufgebaut, und es entsteht eine Intensivierung alltäglicher sozialer Kontakte bzw. eine Einbindung in eine *soziale Unterstützung* gebende Gemeinschaft.

Innerhalb der sportlichen Aktivitäten können insbesondere in Spielen Erfahrungen mit flexiblen sozialen Beziehungen gesammelt werden. Gerade in den nachfolgend beschriebenen Spielen werden durch die Regeln *offen vorstrukturierte Handlungssituationen* gebildet, in denen neue Umgangserfahrungen entwickelt und erlebt werden können. "Die Reintegration abgelegter Verhaltensweisen (z.B. durch Emotionen im Spiel und Tanz), Änderung festgefahrener und Aneignung neuer Verhaltensweisen dürften einen positiven Effekt auf die gesamte Persönlichkeit des älteren Menschen haben" (DREISBACH 1983b, 123). Im vielfältigen Umgang mit Gegenständen und mit anderen Menschen bzw. sozialen Interaktionsmustern können Verhaltensspielräume und die *Gestaltbarkeit sozialer Beziehungen* erfahren werden, die auf das Leben außerhalb des Sports ausstrahlen sollen.

Ziel eines spielorientierten Alterssports ist es, die Fähigkeiten der Menschen zu unterstützen, ein für sie selbst *sinnvolles Leben im Alter* zu führen. Diese Aufgabe kann dem einzelnen niemand abnehmen, und jeder muß hier für sich eine persönlich akzeptable Lösung finden. Dazu muß eine gewisse Kontinuität im Lebenslauf auch über Brüche bzw. Diskontinuitäten hinweg hergestellt werden, um eine ausreichende Zufriedenheit mit dem bislang gelebten und dem gegenwärtigen Leben zu erreichen. Der Alterssport, wie er in den nachfolgenden Spielen skizziert wird, versteht sich als "integrierter Bestandteil einer umfassenden Altenbildung" (DREISBACH 1983a, 13), die die Bildung einer flexiblen, anpassungsfähigen und kreativen Persönlichkeit zum Ziel hat, die zur Gestaltung ihrer gegenwärtigen Lebensphase unter einer leitenden Lebensperspektive fähig ist. Es geht darum, die Entfaltung all jener Potentiale zu unterstützen, die es dem einzelnen ermöglichen, sein Leben im Alter aus eigenen Kräften zu gestalten.

Die Praxis der Spiele

1. Hinweise zur Praxis der spielorientierten Bewegungstherapie

Zur Gliederung der Spielekapitel

Wie begründet, verfolgen die in den nächsten Kapiteln aufgeführten Spiele ein weiterreichendes Anliegen, als nur eine funktionsorientierte Bewegungstherapie abwechslungsreicher und motivierender zu gestalten. Durch sie sollen den Menschen Erfahrungen in verschiedenen Richtungen ermöglicht werden. Dazu zählt insbesondere die Erfahrung unterschiedlichster sozialer Beziehungen, sowie deren Gestaltbarkeit durch den einzelnen und in der Gruppe und eine differenzierte Selbst- und Weltwahrnehmung. Im Vordergrund steht hier die Wahrnehmung des eigenen Körpers in seiner Konzentrations- und Entspannungsfähigkeit, das Erleben von Ausdrucks- und Gestaltungsmöglichkeiten mit Hilfe des eigenen Körpers, sowie die Sensibilisierung für die mit allen Sinnen wahrnehmbaren vielfältigen Qualitäten der Welt.

Die Spiele folgen durchgängig der Grundidee, daß *durch eine Spielaufgabe bzw. eine Spielidee ein Erfahrungsraum eröffnet* wird, der durch das Aufzeigen von Variationsmöglichkeiten vielfältig abgewandelt werden kann. Es würde der Intention einer spielorientierten Bewegungstherapie widersprechen, die Spiele einfach durchzuspielen; über das Aufzeigen und Einbringen von Variationen hingegen sollen Weiterentwicklungen und Veränderungen angestoßen werden. Die Spiele sind sozusagen nie 'fertig'. Keinesfalls stellen die Variationen feste, lineare Spielreihen dar, in denen immer komplexere Anforderungen im Hinblick auf eine zu erlernende Fähigkeit gestellt werden, sondern sie zeigen Perspektiven für Modifikationen auf und geben Anregungen dafür, welche Möglichkeiten in der Spielidee noch verborgen liegen. Im Idealfall sollen die Variationen die Mitspieler zu einem spielerischen Umgang mit den Vorgaben bringen und weitere, eigene Fortentwicklungen in Gang bringen.

Die Spielekapitel sind nicht im Hinblick auf bestimmte soziale Verhaltensformen entworfen und geordnet. Es geht hier nicht um die Konzeption eines in kontinuierlichen Spielreihen fortschreitenden Spielcurriculums, sondern die einzelnen Spiele sind nach unterrichtspragmatischen oder verschiedenen inhaltlichen Gesichtspunkten zusammengestellt. Zum einen sind Spiele zusammengefaßt, die in bestimmten *Stundenteilen* gespielt werden können, also am Beginn oder am Ende einer Stunde, und die dort bestimmte Funktionen erfüllen. Es gibt Kapitel mit Spielen, die in einer bestimmten *Organisationsform*, wie hier im Kreis, gespielt werden, Spiele, in denen bestimmte *Fähigkeiten* wie Laufen, Fangen und Werfen im Zentrum stehen, die man auch in vielen anderen Spielen benötigt, oder Spiele, die mit *Geräten* wie Stäben, Seilen und Reifen gespielt werden, die man in fast jeder Halle zur Verfügung hat. Zuletzt werden Spiele aufgeführt, die bestimmte *Inhalte* wie Gleichgewicht, Ausschaltung von Sinnen, Wahrnehmung sowie Lockerung, Entspannung und Konzentration thematisieren.

Zum Aufbau der Spielbeschreibungen

Um eine einfachere Lesbarkeit der Spielbeschreibungen zu ermöglichen, wurde durchgehend die männliche Sprachform des 'Mitspielers' bzw. 'Spielleiters' gewählt. Natürlich finden sich in Herzsportgruppen sowohl männliche wie weibliche Teilnehmer und auch der Spielleiter kann männlichen oder weiblichen Geschlechts sein. Gemeint sind hier immer die Menschen, die am Spielgeschehen teilnehmen oder die die Spiele anleiten.

Einleitung

Jeweils zu Beginn eines Kapitels wird in einer kurzen Einleitung die Zielsetzung und die Begründung für diesen speziellen Inhalt im Rahmen einer spielorientierten Bewegungstherapie thematisiert.

Spielaufgabe

Nach dem Namen des Spiels wird unter dieser Rubrik die Aufgabe, die im Spiel gestellt wird, möglichst kurz und prägnant zusammengefaßt. Diese Rubrik soll auch dazu dienen, daß man zur Vorbereitung auf eine Unterrichtsstunde die Kapitel durchblättern und sich Spiele, die man schon einmal gespielt hat, schnell ins Gedächtnis zurückrufen kann.

Mitspieler

Unter der Rubrik Mitspieler werden die Anzahl der Mitspieler bzw. die erforderlichen Gruppen- und Mannschaftsgrößen angegeben, die für das jeweilige Spiel notwendig sind. Der Einteilung der Gruppe sollte besondere

Aufmerksamkeit geschenkt werden. Bei freier Partner- oder Gruppenwahl finden sich oft immer wieder dieselben Mitspieler zusammen. Man sollte hier öfters die Gruppierungen wechseln, um keine festen, konkurrenzorientierten Mannschaften entstehen zu lassen. Außerdem lernen die Mitspieler bei öfters wechselnden Konstellationen sehr viel besser, sich immer wieder neu auf andere Menschen einzustellen.

Die Mitspieler sollten außerdem von Beginn an dazu angeleitet werden, sich selbst in Gruppen zusammenzufinden. Die Tatsache, daß sie nicht vom Spielleiter eingeteilt werden, stellt schon einen wichtigen Aspekt eines selbstbestimmteren, nach eigenen Bedürfnissen gestalteten sozialen Umgangs dar. Um selbständige Gruppenbildungen zu unterstützen, können zeitweise verschiedene Wege der Gruppeneinteilung durchgespielt werden, die im folgenden von den Mitspielern selbst organisiert werden können. Wenn die Herzgruppe eine Zeitlang zusammen ist und sich kennt, sollten ihnen derartige Stundenanteile überlassen werden.

Die *Gruppeneinteilung* kann in verschiedenen spielerischen Formen durchgeführt werden:

- Auf Kommando stellen sich alle auf ein Bein. Die, die auf dem rechten Bein stehen und die, die auf dem linken Bein stehen, gehören zusammen.
- Alle strecken auf Kommando eine Hand nach vorn. Die, die die Handfläche nach oben und die, die sie nach unten halten, gehören jeweils zusammen.
- Alle stellen sich der Reihe nach auf. Das Sortierkriterium kann dabei der Anfangsbuchstabe des Vornamens, die Geburtstagsfolge im Jahr oder ähnliches sein. Die erste Hälfte der Reihe wird zur einen, die zweite Hälfte zur anderen Mannschaft.
- Alle gehen langsam und mit geschlossenen Augen rückwärts durch den Raum. Der erste, an dessen Po man stößt, wird zum Spielpartner.
- Die eine Hälfte der Mitspieler legt einen Gegenstand (ein Ball, eine Jacke, ein Schlüsselbund oder ähnliches) auf den Boden. Die anderen nehmen irgendeinen Gegenstand auf. Der Mitspieler, dem der Gegenstand gehört, wird zum Spielpartner.
- Genausoviele jeweils doppelt vorhandene Gegenstände wie teilnehmende Mitspieler werden in der Halle ausgelegt. Alle gehen durcheinander und wer-

den aufgefordert, sich einen Gegenstand zu nehmen. Dann gehen die Mitspieler, die die identischen Gegenstände genommen haben, zusammen.

- Alle Mitspieler stellen sich in einen Kreis und zählen durch, so daß jeder eine Nummer erhält. Nun ruft der Spielleiter zwei Nummern auf. Diese Mitspieler gehen als Spielpartner zusammen.

Geräte / Materialien

Unter dieser Rubrik werden die Geräte und Materialien aufgelistet, die zur Durchführung des jeweiligen Spiels erforderlich sind. Bei der Auswahl der Spiele wurde insgesamt darauf geachtet, daß meist nur sehr wenige und auch nur solche Geräte benötigt werden, die in fast jeder Sporthalle zur Verfügung stehen.

Spielbeschreibung

Hier wird eine möglichst kurze und nachvollziehbare Beschreibung des Spielablaufs gegeben. Wo immer notwendig, werden die schriftlichen Ausführungen durch Bilder und Skizzen ergänzt.

Variationen

Die Variationen zeigen Veränderungsmöglichkeiten auf, mit deren Hilfe die Spielideen um interessante Modifikationen erweitert werden können. Sie sollen vor allem die variable Veränderung von Regeln und Verhaltensweisen erfahrbar machen.

Kommentare

Zu den einzelnen Spielen werden jeweils kurze Kommentare gegeben, die darüber informieren sollen, welche Zielsetzung mit diesem Spiel hauptsächlich verfolgt wird. Teilweise werden noch zusätzliche Hinweise dazu gegeben, was der Spielleiter bei der Einführung des Spiels und bei der Durchführung beachten sollte.

Eine besondere Spielzeit wird nicht angegeben. Sie richtet sich erfahrungsgemäß vor allem nach der Tragfähigkeit der Spannung, die die Spielaufgabe für die Mitspieler beinhaltet. Zudem können immer wieder Variationen eingebracht und das Spiel dadurch wieder in Gang gebracht und verlängert werden. Man sollte Spiele auf jeden Fall abbrechen, wenn Konzentration und Engagement der Mitspielenden nachlassen. Grundsätzlich sind die Spiele für die Sporthalle konzipiert. Viele können allerdings bei Bedarf auch in kleineren Gymnastikräumen oder im Freien gespielt werden.

Zum Verhalten des Spielleiters

Da die Leiter von Herzgruppen durch ihr Verhalten und die methodisch-didaktische Gestaltung der Übungsstunden einen zentralen Einfluß auf den Erfolg der Bewegungstherapie nehmen, sollen hier noch einige kurze Hinweise zu seinen Aufgaben gegeben werden.

Die Einführung von Spielen, die ganz andere Erfahrungsräume schaffen als der traditionell ausgerichtete Sportunterricht mit seiner Betonung der Wettkampfspiele, hängt stark von den Fähigkeiten des Leiters ab. Grundsätzlich muß er mit der Zeit eine Sensibilität für das in der Situation machbare entwickeln, im Spiel selbst Offenheit und Spielfreude zeigen und die Spiele immer wieder flexibel verändern, variieren und Anregungen von seiten der Mitspieler aufnehmen und sie dazu anregen, eigene Ideen und Spielvariationen zu entwickeln. In den Spielen soll den Mitspielern eine Rolle als Mitgestalter der Situation eingeräumt werden und sie so zu aktiven Mitspielern gemacht werden.

Eine angenehme, angstfreie und spielfreudige Atmosphäre entsteht unter anderem dadurch, daß solche Spiele ausgewählt werden, die von den Teilnehmern bewältigt werden können und in denen sie vor der Gruppe nicht bloßgestellt werden. Der Spannungsgehalt von Spielen hängt wesentlich davon ab, ob die gestellten Anforderungen den Möglichkeiten der Mitspieler entsprechen, also nicht zu leicht aber auch nicht zu schwer sind. Darüber hinaus sollte der Spielleiter immer wieder den spielerischen und unernsten Charakter des Spiels betonen, in dem Handlungsweisen ohne Gefahr erprobt werden können. Wichtig ist, daß niemand gezwungen wird, an einem Spiel teilzunehmen. Jedem Teilnehmer muß das Recht eingeräumt werden, sich zeitweilig zurückzuziehen, und der Spielleiter sollte auch dieses Recht immer wieder betonen.

In einer spielorientierten Bewegungstherapie wird der Leiter sich selbst weitgehend zurücknehmen und die Spielformen nur einführen, in denen die Teilnehmer dann eigenständig Erfahrungen sammeln können. Dabei muß er immer bedenken, in welche Situationen er die Mitglieder der Gruppe bringt und welche Erlebnisse er ihnen dabei wahrscheinlich zugänglich macht. Es ist von Vorteil, wenn er sich eher abwartend und zurückhaltend verhält und nur bei Bedarf neue Impulse gibt und Variationen anregt, um den Fortgang der Spiele zu initiieren. Seine Aufgabe besteht im wesentlichen darin, "*Aufgaben zu stellen*, die Gruppe während des *Lösens der Aufgabe zu beobachten* und mit *neuen Aufgabenstellungen zu reagieren*" (FISCHER 1988a, 12). Es sollte wenig korrigiert werden und keinesfalls darf man die Mitspielenden bevormunden, ihre Aktivitäten reglementieren oder sogar kommentieren.

Gerade im Sport mit Älteren ist es wichtig, einen adäquaten Umgangsstil zu entwickeln. Oft kann man bei den Leitern ein "pastoral-leutseliges Wohlwollen" oder "anbiedernde Betulichkeit" bzw. ein Pflegeverhalten beobachten, das eine "Reinfantilisierung des älteren Menschen" (DREISBACH 1983a, 16) unterstützt. Oft ist die Position eines jüngerer Leiter Älteren gegenüber schwierig, da sie auf der einen Seite über eine viel geringere Lebenserfahrung als die Älteren verfügen, auf der anderen Seite aber nun wie ein Lehrer Schülern gegenübertritt. Keinesfalls darf beim Umgang mit Älteren ein Befehlston bzw. ein autokratischer Führungsstil angewandt werden. Am günstigsten ist wohl eine partnerschaftliche Beziehung, in die auch die Älteren ihre Lebenserfahrungen mit einbringen können und akzeptiert werden. Gerade in den Gesprächen, die am Rande oder außerhalb der sportlichen Aktivitäten zustandekommen, können so auch intergenerationelle Lernprozesse stattfinden.

Durch *eigenes Mitspielen* kann der Leiter viel dazu beitragen, daß die Mitspieler die durch die Regeln geschaffenen Situationen als Spiel wahrnehmen und erleben. Er kann als Vorbild in der Situation wirken, was den Teilnehmern dabei hilft, ihre Bedenken gegenüber der ungewohnten, neuen Situation zu überwinden. Wenn er öfters an den Spielen teilnimmt, ohne zu dominieren, tritt er gleichzeitig aus seiner leitenden Rolle zurück.

Wichtig ist, daß man die latente Konkurrenzhaltung abzubauen versucht, die viele der Mitspieler mitbringen. Auch in konkurrenzorientierten Spielen liegen für die Herzpatienten wichtige soziale Erfahrungen, mit denen gerade sie umgehen lernen müssen. Aber ebenso wichtig ist es, daß ihnen auch ganz andere Erfahrungen wie kooperative Beziehungen oder entspannende Zustände ihres Körpers zugänglich gemacht werden. Vor allem sollten alle kennenlernen, daß sie sich auch ohne Versagensdruck und ohne die Angst, den Anforderungen nicht zu genügen, einer Sache zuwenden können. Sie sollen Vergnügen am Gelingen einer Aufgabe finden und ihre Befriedigung nicht daraus ziehen, daß andere etwas schlechter bewältigt haben als sie selbst. Die Spiele sollten nicht dazu dienen, immer wieder die eigene Position zu sichern und zu stärken, sondern sie sollten als Herausforderung erlebt werden, sich auf neue, unerwartete, veränderliche Situationen einzulassen und sie zu erproben, sich neuen sinnlichen Sensationen zu stellen und wechselnde soziale Beziehungen durchzuspielen. Gesicherte Hinweise, wie das gelingen kann, gibt es hier nicht. Der Spielleiter muß sozusagen in einer Gratwanderung die Mitspielenden vor nicht bewältigbaren Situationen bewahren, gleichzeitig durch das Spiel aber einen Raum für eigenständige, neuartige Erfahrungen schaffen.

Spielstunden können nicht exakt vorgeplant und die Ziele des Spielunterrichts nicht direkt anvisiert werden. Die Übertragung der gewohnten, stringenten Planungsstruktur von Sportunterricht auf einen spielorientierten Bewegungsunterricht würde die charakteristische, für Veränderung und Anpassung an die Bedürfnisse der Mitspieler offene Struktur des Spiels zerstören. Natürlich wird man sich für eine Stunde die Initiierung eines oder einiger Spiele vornehmen, aber oft muß man in der Situation dann entsprechend reagieren, auf aktuelle Wünsche und Vorschläge eingehen, ein anderes Spiel auswählen oder geplante Spiele variieren. Allerdings wird man erst nach und nach über ein größeres Repertoire an Spielformen verfügen, die man situationsgerecht einsetzen kann. Wichtig ist es aber trotzdem, immer wieder von neuem zu planen, damit sich kein gängiger Kanon einschleift, sondern ein reichhaltiges und vielfältiges Angebot an Spielen mit unterschiedlichen Zielsetzungen und Schwerpunkten eingeführt wird.

2. Ankommen und in Bewegung kommen

Einleitung

Jede Unterrichtsstunde sollte für alle Teilnehmer durch einen eindeutigen Beginn und ein klares Ende gekennzeichnet und damit von anderen alltäglichen Aktivitäten abgegrenzt sein, da in dieser Zeitspanne und in diesem Raum teilweise andere Regeln und Vorgaben gelten, als außerhalb der besonderen, herausgehobenen Situation der Bewegungsstunde. Die Teilnehmer lassen hier in mancher Hinsicht ihren Alltag und die dort herrschenden Verhaltensvorschriften außen vor und sollen sich gleichzeitig für ganz andersartige Handlungs- und Bewegungsformen öffnen. Der Gang in die Umkleidekabine und das Anziehen einer besonderen Kleidung markiert einen bereits äußerlich ins Auge springenden Übergang in einen anderen sozialen Rahmen, in dem der einzelne viele vom Gewohnten abweichende Erfahrungen im Umgang mit der Welt und mit anderen Personen machen kann.

Dieser Übergang und die damit einhergehende positive Öffnung für Neues sollte durch den Leiter deutlich markiert werden, indem er zu Beginn alle versammelt und kurz skizziert, was er für die anstehende Übungs- bzw. Spielstunde geplant hat. Darüber hinaus sollten am Beginn der Stunde aber auch spezielle Spielformen stehen, die eine lockere und vertraute Atmosphäre für die folgenden Stundeninhalte schaffen. Im Zusammenhang von Herz- oder Alterssportgruppen, die meist schon über einen längeren Zeitraum bestehen, geht es hier weniger um das gegenseitige Kennenlernen, sondern um Spielformen, in denen möglichst die gesamte Gruppe gemeinsam agiert bzw. jeder in Kontakt mit allen anderen Teilnehmern kommen kann.

Dazu werden in den im folgenden beschriebenen Spielformen zum einen simultane Verhaltensweisen oder Interaktionen initiiert. Die zur Erfüllung der Aufgaben notwendige gemeinsame Koordination der Bewegungen in der Gruppe erfordert von allen eine gleichgerichtete Aufmerksamkeit und schafft ein Gefühl der Gemeinsamkeit. Zum anderen können über besondere Regeln oder Darstellungsaufgaben vielfältige Begegnungsformen geschaffen werden, die einen Spielraum zur eigenständigen Gestaltung belassen und so die Aufmerksamkeit ständig auf andere Mitspieler und deren Verhalten lenken. Wichtig ist hier auch, daß diese Spiele so oft wie möglich nicht allein durch den Leiter bestimmt und gesteuert werden, sondern daß die Abstimmung der Bewegungen entweder durch wechselnde Mitspieler oder gemeinsam durch die ganze Gruppe erfolgt.

Natürlich spielt zum Stundenbeginn neben der geistigen "Aufwärmung" und Einstimmung auch die körperliche Vorbereitung eine wichtige Rolle. Die Spiele haben deshalb darüber hinaus die Funktion einer moderaten körperlichen Aktivierung, die auf nachfolgende stärkere Beanspruchungen vorbereiten soll.

Berufsverkehr

Spielaufgabe

Möglichst viele unterschiedliche, enge Kontakte mit Mitspielern herstellen

Mitspieler

Die gesamte Gruppe

Geräte / Materialien

Keine

Spielbeschreibung

Alle Mitspieler gehen von außen immer wieder schnell durch die Mitte, ohne jemand anderen zu berühren. Nach und nach wird der gesamte, zur Verfügung stehende Raum mehr und mehr eingeengt, bis zuletzt ein dichtes Gedränge wie in einem Berufsverkehr entsteht, in dem alle eng aneinander vorbeigleiten.

Variationen

- Nacheinander werden verschiedene Blickrichtungen vorgeschrieben. Zuerst schauen alle nur auf die eigenen Füße, dann auf den Boden, danach bis zur Hüfte und bis zum Hals der anderen Mitspieler. Zuletzt schauen alle einander zuerst grimmig und dann mit einem freundlichen Lächeln in die Augen.
- Es können auch unterschiedliche Formen vorgeschrieben werden, wie die Mitspieler aneinander vorbeigehen sollen: sich möglichst breit machen und dabei an die anderen anstoßen, sich schmal machen und überall durchschlängeln usw.

- Jeder Mitspieler sucht sich immer wieder einen anderen aus und versucht, ihm in die Quere zu kommen bzw. sich ihm absichtlich in den Weg zu stellen. Der andere soll sich irgendwie vorbeidrängen und darf sich dabei auch durch sanftes Wegschieben Platz machen. Danach geht jeder - ganz im Gegensatz dazu - dem anderen bei einer Begegnung deutlich aus dem Weg. Zuletzt machen alle einander höflich Platz und bitten den anderen vorbei. Hier sind noch viele weitere Begegnungsformen denkbar.
- Wechselnde Kontakte können auch über Gegenstände oder Kopfbedeckungen, die ausgetauscht werden, arrangiert werden. Dazu erhält jeder zweite Mitspieler eine Kopfbedeckung, z.B. eine zu einem Hut gefaltete Zeitung. In einem relativ eng begrenzten Raum versuchen nun die Mitspieler ohne Kopfbedeckung, den Hutträgern die Kopfbedeckungen abzunehmen und sich selbst aufzusetzen. Sie werden dadurch selbst zu Verfolgten.

- Ganz im Gegensatz zur vorhergehenden Variation sollen nun die Hutträger versuchen, ihre Kopfbedeckungen loszuwerden und sie anderen Mitspielern aufzusetzen.
- Es werden vier Gruppen gebildet, die sich in den vier Ecken des Raumes aufstellen. Nun versuchen die Gruppen, eng zusammen gehend, die diagonal gegenüberliegende Seite zu erreichen und sich dabei in der Mitte von den anderen nicht trennen zu lassen.

Kommentar

Ältere Personen haben oft Probleme mit engen Körperkontakten und Berührungen. In der hier beschriebenen, pantomimischen Form machen sie in einer spielerischen und damit für viele unproblematischeren Weise, die *Erfahrung dichter und sogar unfreundlicher Begegnungen* mit anderen Mitspielern, bei denen sie zugleich sehr genau auf die gegenseitigen Bewegungen achten müssen. Die *Kontrastierung* mit besonders höflichen, rücksichtsvollen Umgangsweisen soll die Gestaltbarkeit sozialer Beziehungen bewußt machen.

Ankuppeln

Spielaufgabe

Eigene Bewegungen mit den Bewegungen von Mitspielern abstimmen

Mitspieler

Die gesamte Gruppe

Geräte / Materialien

Keine

Spielbeschreibung

Alle Mitspieler bis auf drei oder vier finden sich mit einem anderen Mitspieler zusammen und gehen untergehakt im Gleichschritt mit ihm durch den Raum. Die "Einzelgänger" dürfen sich jedem beliebigen Paar seitwärts anschließen, indem sie den Arm unterhaken und denselben Schritt aufnehmen. Allerdings muß dann der auf der anderen Seite Gehende die Gruppe verlassen und sich ein neues Paar suchen.

Variationen

- Anstatt nebeneinander können die Paare auch hintereinander gehen. Dabei werden die Hände auf die Schultern des vorderen Mitspielers gelegt. Schließt sich ein "Einzelgänger" hinten an, so löst sich der bislang Führende und sucht sich ein neues Paar, dem er sich anschließen kann.

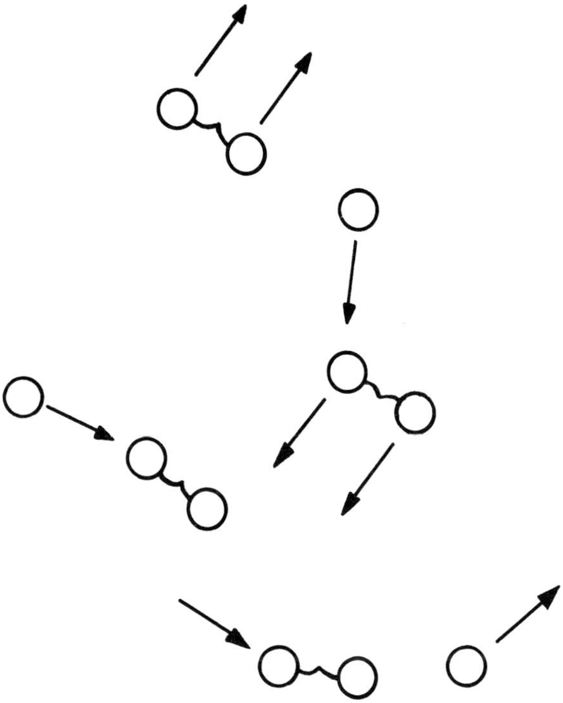

Kommentar

Die einzelnen Mitspieler sollen hier mit möglichst allen anderen in Kontakt kommen. Damit die Begegnung gelingt, müssen sie ihren *Bewegungsrhythmus an den der anderen anpassen* bzw. aufeinander abstimmen. Sie können hier die Erfahrung machen, daß man sich auf andere einstellen muß, wenn man mit ihnen zusammen unterwegs sein will.

Kletten

Spielaufgabe

Mit einem Mitspieler "zusammengeklebt" gemeinsam fortbewegen

Mitspieler

Die gesamte Gruppe

Geräte / Materialien

Keine

Spielbeschreibung

Jeder findet sich mit einem Mitspieler zusammen und geht mit ihm Schulter an Schulter in Kurven durch den Raum, ohne den Körperkontakt zu ihm zu verlieren. Dabei darf die gemeinsame Gehrichtung nicht abgesprochen, sondern sie muß durch gegenseitigen Druck erspürt werden.

Variationen

- Es kann auch ein anderes Körperteil als die Schulter, z.B. die Hüfte oder die Unterarme, als "Klebestelle" vorgeben werden.

- Die Paare können auch zu Dreier-, Vierergruppen usw. erweitert werden.
- Jeder Mitspieler berührt mit irgendeinem Körperteil einen anderen. Nun bewegt sich die ganze Gruppe als lange Schlange durch den Raum. So können auch Hindernisse überquert werden. Der Kontakt mit den Mitspielern darf allerdings nie verloren gehen.
- Ein Mitspieler geht vorwärts, der andere an der Schulter "angeklebt" neben ihm rückwärts; er bewegt sich also rückwärts in dieselbe Bewegungsrichtung. Wenn einer der beiden die Richtung wechselt, so muß der andere reagieren und seine Bewegungsrichtung entsprechend ändern. Man kann auf diese Weise auch einzelne Hindernisse oder einen ganzen Hindernisparcours überqueren.

Kommentar

In diesem Spiel sollen die Mitspieler erfahren, wie schwierig es ist, das Bewegungstempo und die *Bewegungsrichtung ohne Sprache exakt* zu *koordinieren.* Die Partner müssen sich mit großer sozialer Sensibilität aufeinander einstellen und auf kleinste Körpersignale reagieren.

Agentenjagd

Spielaufgabe

Eigene Bewegungen schnell an die Bewegungen von Mitspielern anpassen

Mitspieler

Die gesamte Gruppe

Geräte / Materialien

Keine

Spielbeschreibung

Alle Mitspieler gehen durcheinander durch den Raum. Auf Ansage des Spielleiters sucht sich jeder einen "Agenten", den er verfolgt. Sobald ein Mitspieler zwischen ihm und dem "Agenten" durchgeht, wird dieser weiter verfolgt usw.

Variationen

- Ein Mitspieler beginnt und zeigt mit ausgestrecktem Arm auf einen anderen, der auf den nächsten und so weiter, bis der letzte wieder auf den ersten zeigt. Der vordere versucht dem Zeigefinger seines "Verfolgers" durch schnelle Richtungsänderungen zu entkommen.

Kommentar

Die schnell wechselnden Situationen erfordern von allen hohe Aufmerksamkeit und eine *genaue Beobachtung der Mitspieler.*

Kehrtwendungen

Spielaufgabe

Bei Begegnungen in bestimmter Weise reagieren

Mitspieler

Die gesamte Gruppe

Geräte / Materialien

Keine

Spielbeschreibung

Alle Mitspieler gehen geradeaus durcheinander durch den Raum. Treffen sie auf einen anderen Mitspieler oder die Wand, so müssen sie eine Kehrtwendung machen und weitergehen.

Variationen

- Bei Begegnungen kann auch eine Vierteldrehung gemacht werden.
- Der zur Verfügung stehende Raum wird immer mehr eingeschränkt.
- Bei Begegnungen ist eine zusätzliche Aufgabe zu erfüllen: zweimal in die Hände klatschen, zweimal mit den Füßen aufstampfen usw.

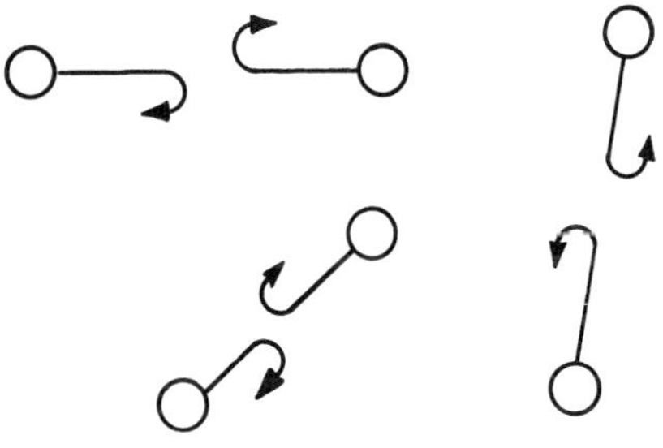

Kommentar

Die *schnellen Begegnungen und Situationswechsel* verlangen von allen Mitspielern ständige Aufmerksamkeit und schnelle Reaktionen.

Robotron

Spielaufgabe

Bewegungsrichtungen aller Mitspieler gegenseitig regeln

Mitspieler

Die gesamte Gruppe

Geräte / Materialien

Keine

Spielbeschreibung

Alle Mitspieler verteilen sich im Raum und werden vom Spielleiter durch Daumendruck auf den "Anschaltknopf" im Rücken in Bewegung gesetzt. Die "Roboter" gehen kreuz und quer durch den Raum und versetzen jedem, den sie erreichen können, einen leichten Klaps auf die Schulter. Der Berührte muß eine Vierteldrehung in Richtung der Schulterseite machen, auf die der Klaps erfolgte, und so seine Gehrichtung ändern. Trifft einer der "Roboter" auf die Wand, so macht er "automatisch" eine Kehrtwendung.

Variationen

- Es können auch unterschiedliche Signale für verschiedene Richtungsänderungen vereinbart werden, z.B. bei zwei Klapsen eine halbe Drehung, bei drei Klapsen rückwärts gehen, bei langen Berührungen langsam gehen, bei kurzen Berührungen schnell gehen usw.
- **Verrückte Roboter**
  Die "Roboter" reagieren seitenverkehrt, d.h. bei einem Klaps auf die rechte Schulter drehen sie sich nach links, bei einem Klaps auf die linke Schulter nach rechts.

Kommentar

Im Gegensatz zum bekannten Roboterspiel kann hier jeder Bewegungsbefehle geben und erhalten. Das Spiel wird so dynamischer, und es kommt häufiger zu Interaktionen und Begegnungen. Damit das Spiel gelingt, müssen sich alle die verschiedenen *Signale merken und exakt darauf reagieren.*

Stimmungsbälle

Spielaufgabe

Vorgegebene Stimmungen darstellen

Mitspieler

Die gesamte Gruppe

Geräte / Materialien

Ein Ball je Mitspieler, Bälle in möglichst vielen unterschiedlichen Farben

Spielbeschreibung

Verschiedenfarbigen Bällen werden unterschiedliche Stimmungen zugeordnet, z.B. entspricht ein roter Ball einer wütenden Stimmung, ein blauer Ball einer traurigen Stimmung, ein grüner Ball einer fröhlichen Stimmung usw. Nun gehen alle Mitspieler durcheinander durch den Raum und geben einander die Bälle weiter. Wer einen Ball in einer bestimmten Farbe erhält, stellt die entsprechende Stimmung in seiner Fortbewegungsweise dar und gibt dann den Ball an einen anderen weiter.

Variationen

- Die verschiedenfarbigen Bälle können auch mit unterschiedlichen Gangarten und Richtungen verbunden werden, also vorwärts, rückwärts, langsam gehen, schlurfen, dynamisch gehen usw.
- Die Anzahl der Bälle kann so weit erhöht werden, daß es vorkommt, daß einzelne Mitspieler gleichzeitig zwei Bälle erhalten. Sie müssen dann beide Vorgaben miteinander kombinieren.

Kommentar

Die *Darstellung von Stimmungen* vor der Gruppe fällt Ungeübten meist schwer. In diesem Spiel können die einzelnen Mitspieler sich in der Gruppe verstecken und weitgehend unbeobachtet ihre *Ausdrucksfähigkeit erproben.* Außerdem wird durch die Verbindung der Farben mit bestimmten Stimmungen die Merkfähigkeit geschult.

Häuptlingstreffen

Spielaufgabe

Auf Hinweise von Mitspielern reagieren

Mitspieler

Die gesamte Gruppe

Geräte / Materialien

Keine

Spielbeschreibung

Alle Mitspieler bewegen sich bei einem "Häuptlingstreffen" durcheinander durch den Raum. Jeder der "Häuptlinge" hat Befehlsrecht. Ruft ein beliebiger "Häuptling" "Stop", so müssen alle stehenbleiben. Ruft irgendein anderer "Los", gehen alle weiter.

Variationen

- Irgendein "Häuptling" bleibt einfach stehen. Daraufhin müssen alle anderen auch stehenbleiben. Setzt irgendein anderer sich wieder in Bewegung, greifen alle seinen 'Befehl' auf.

- Ein "Häuptling" geht in einer besonderen Gehform los, die alle anderen nachahmen.
- Es können auch Drehungen, z.B. nach rechts oder links, um die eigene Achse, nach vorne oder hinten oder spezielle Gangformen angesagt werden.
- **Befehlsbefolger und Befehlsverweigerer**
  Die Gruppe teilt sich in die "Befehlsbefolger" und die "Befehlsverweigerer" auf. Nun folgt die eine Hälfte den Anweisungen, die andere macht genau das Gegenteil: bei "Stop" geht sie los, bei "Los" stoppt sie, bei "Rechts" geht sie nach links usw.

Kommentar

Die Mitspieler sind es gewohnt, daß im Unterricht immer der Leiter ansagt, was geschieht. Hier soll diese routiniert eingespielte Beziehung dadurch aufgebrochen werden, daß jeder Mitspieler das Recht und die Chance hat, Anweisungen zu geben. Jeder muß also aufmerksam auf die Hinweise der anderen achten, um keine neue Aufgabe zu verpassen, zum anderen kann er aber auch *selbst die Initiative ergreifen.*

Raumpatrouille

Spielaufgabe

Bewegungen aufeinander abstimmen

Mitspieler

Die gesamte Gruppe

Geräte / Materialien

Keine

Spielbeschreibung

Alle Mitspieler bewegen sich frei durch den Raum. Auf Ansage des Spielleiters halten alle einen möglichst weiten Abstand zueinander ein. Dazu muß jeder immer dorthin gehen, wo noch möglichst viel freier Raum vorhanden ist. Danach sollen alle einen möglichst engen Abstand zueinander aufsuchen und einhalten.

Variationen

- Es kann auch ein ganz bestimmter Abstand, z.B. zwei Meter, fünf Meter, zwanzig Zentimeter, zehn Millimeter usw. vorgeben werden.
- Alle nehmen den Abstand zu den anderen ein, der ihnen im Moment angenehm ist.

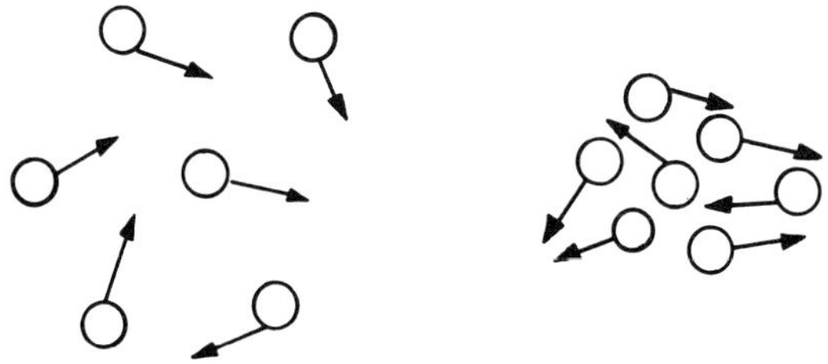

Kommentar

Um die gleichmäßige Raumaufteilung zu erreichen, muß jeder auf jeden achten. Der Spielleiter kann durch eine *extreme Kontrastierung der Abstände* die Erfahrung vermitteln, wie räumliche Enge oder räumliche Distanz subjektiv erfahren werden.

Ferner Schatten

Spielaufgabe

Einen Mitspieler aufmerksam beobachten und nachahmen

Mitspieler

Paare oder Kleingruppen

Geräte / Materialien

Keine

Spielbeschreibung

Zwei Mitspieler finden sich zusammen. Sie gehen mit möglichst großem Abstand zueinander durch die Halle. In der Entfernung macht einer eine Bewegung, eine Gangart oder ähnliches vor, die der andere nachahmen muß. Sie dürfen sich in der Distanz also nie aus den Augen verlieren.

Variationen

- Dieselbe Aufgabe können auch Dreier- oder Vierergruppen ausführen.
- Der andere ahmt seinen Partner nicht nach, sondern macht genau das Gegenteil.

Kommentar

Bei diesem Spiel kommt es besonders darauf an, sich nur *auf den eigenen Partner* zu *konzentrieren* und sich nicht durch andere Mitspieler ablenken zu lassen.

Begrüßungen

Spielaufgabe

Begrüßungsformen nachahmen und neue erfinden

Mitspieler

Die gesamte Gruppe

Geräte / Materialien

Keine

Spielbeschreibung

Alle Mitspieler gehen kreuz und quer durch den Raum. Begegnet man einem anderen Mitspieler, so klatscht man die Handflächen der rechten Hände aufeinander. Auf Ansage des Spielleiters werden die linken Hände benutzt.

Variationen

- Alle Mitspieler schütteln sich bei einer Begegnung die rechte Hand oder auf Ansage auch die linke Hand bzw. beide Hände.
- Die Mitspieler verteilen sich auf zwei Halbgruppen. Die eine Gruppe beginnt den Handschlag mit der rechten Hand, die andere mit der linken Hand. Wer mit der einen Hand einen Handschlag gegeben hat, wechselt beim nächsten Mal zur anderen Hand. Man muß sich jeweils einen Mitspieler suchen, der die passende Hand zum Handschlag benutzt.
- Nacheinander wird mit der rechten und dann mit der linken Hand auf die entsprechende Hand eines Mitspielers geklatscht. Dabei ruft man zuerst den eigenen Namen, dann den des jeweiligen Partners.

- Nun werden die Feier- und Begrüßungsformen aus verschiedenen Sportarten nachgeahmt: eine Hand anbieten, auf die der andere klatscht; beide Hände anbieten, auf die der andere mit beiden Händen klatscht; einen leichten Klaps auf den Hintern geben; auf die Schulter klopfen, eine oder beide Hände senkrecht aufeinander klatschen usw.
- Es können auch neue Formen der Begrüßung erfunden werden wie z.B.:

  - zuerst die Handflächen, dann die Handrücken aneinander abstreifen und anschließend die Hand geben;
  - die Ellbogen und dann die Unterarme aneinanderlegen und zuletzt die Hände aufeinanderklatschen;

  - die rechte Hand senkrecht nach oben, die linke Hand senkrecht nach unten halten, die Hände aneinanderklatschen und danach die Seiten wechseln;
  - die rechte Handfläche nach oben, die linke Handflächen nach unten halten, die Hände aneinanderklatschen und dann die Seiten wechseln;
  - die Fäuste aufeinanderklopfen.

- Die eine Hälfte der Gruppe denkt sich verschiedene Begrüßungsformen aus. Nun gehen alle durcheinander. Wenn sich zwei Mitspieler begegnen, versucht der, der sich eine Begrüßungsform ausgedacht hat, den anderen zu begrüßen. Hat der andere keine eigene Begrüßungsform, dann übernimmt er diese Form und der erste wird frei. Hat der andere schon eine eigene Form, so müssen beide weiter einen freien Mitspieler suchen.

Kommentar

In diesem Spiel werden die *eingespielten Rituale* aus den verschiedenen Sportarten, die viele aus dem Fernsehen kennen, *imitiert*. Darüber hinaus werden sie aber auch zum Anlaß genommen, mit diesen Formen zu spielen, sie zu verändern und zu variieren. Dabei soll die Phantasie der Mitspieler angeregt und Ideen aus der Gruppe aufgegriffen werden.

Landsleute

Spielaufgabe

Durch pantomimische Darstellung eines Begriffs zusammenfinden

Mitspieler

Die gesamte Gruppe

Geräte / Materialien

Zettel mit Ländernamen

Spielbeschreibung

An alle Mitspieler werden Zettel verteilt, auf denen je ein Ländername steht. Dabei gibt es immer zwei Zettel mit dem gleichen Ländernamen. Nun müssen die jeweiligen "Landsleute" versuchen, sich zu finden, ohne dabei zu sprechen. Dazu sollen sie ihr Land in möglichst typischer Weise pantomimisch darstellen.

Variationen

- Es können auch Tiere vorgegeben werden, die die Mitspieler darstellen.

Kommentar

Im Vergleich zu ähnlichen Spielformen, in denen sich die Mitspieler durch ein gemeinsames Geräusch erkennen müssen, ist hier die Rollenvorgabe sehr viel offener. Die *Interpretationsvielfalt*, die dadurch ermoglicht wird, macht das Finden der zusammengehörenden Mitspieler schwieriger und interessanter.

Liniengehen

Spielaufgabe

Auf Bodenlinien einen freien Weg suchen

Mitspieler

Die gesamte Gruppe

Geräte / Materialien

Keine

Spielbeschreibung

Alle Mitspieler dürfen sich nur auf den Linien durch den Raum fortbewegen. Begegnen sich zwei auf einer Linie, dann müssen beide umkehren.

Variationen

- Wenn sich zwei Mitspieler auf einer Linie begegnen, müssen beide auf der Linie rückwärts gehen, bis sie an eine Linienkreuzung gelangen, an der sie abbiegen können.
- An Linienkreuzungen darf man aneinander vorbeigehen.
- Jeder sucht sich einen Mitspieler. Die Paare gehen in möglichst weit entfernte Ecken der Halle und versuchen zusammenzukommen.
- Die Mitspieler bilden Dreier-Gruppen. Nun versucht einer aus der Gruppe, wie beim "Mühle"-Spiel, durch geschicktes Gehen auf den Linien zu verhindern, daß die beiden anderen zusammenkommen.
- Drei oder vier Fänger haben die Aufgabe, auf den Linien gehend möglichst vielen Mitspielern frontal zu begegnen. Die anderen versuchen, den Fängern durch frühzeitiges Ausweichen und Abbiegen aus dem Weg zu gehen. Kehrtwendungen sind nicht erlaubt. Wer einem Fänger in die Arme gelaufen ist, muß hinter ihm hergehen.

Kommentar

Die einschränkende Regel, nur auf Linien zu gehen, führt dazu, daß die räumliche Fortbewegung je nach Aufgabenstellung anders vorgeplant und der Raum verändert wahrgenommen wird. Alle müssen hier auf die Bewegungswege der Mitspieler achten und vorausschauend einen eigenen Weg suchen.

Ein Hut, ein Stock, ein Regenschirm

Spielaufgabe

Bewegungen der Gruppe durch einen Vers koordinieren

Mitspieler

Die gesamte Gruppe oder mehrere Kleingruppen

Geräte / Materialien

Keine

Spielbeschreibung

In diesem bekannten Spiel werden die Bewegungen aller Mitspieler über das gemeinsame Aufsagen eines Verses koordiniert. Alle beginnen mit dem gleichen Fuß und sagen dazu folgenden Vers auf:

- Und eins, und zwei, und drei, ... und zehn,
ein Hut, ein Stock, ein Re-gen-schirm,
(dabei wird auf jede Silbe ein Schritt gemacht)
- und vor
(dabei bleibt man stehen und tippt mit dem Fuß des unbelasteten Beins nach vorne)
- zurück
(dabei tippt derselbe Fuß nach hinten)
- zur Seite
(dabei tippt derselbe Fuß zur Seite)
- ran
(dabei wird derselbe Fuß parallel gesetzt)
- hoch und runter
(dabei wird der Oberkörper nach oben und nach unten bewegt)
- hin und her
(dabei wackelt man mit der Hüfte nach rechts und links).

Danach beginnt derselbe Vers und Bewegungsablauf von vorn.

Variationen

- Wenn die Gruppe sehr groß ist, teilt sie sich in mehrere Kleingruppen auf.
- Oft kennen Mitspieler selbst noch andere, ähnliche Spiele und Reime, die man aufgreifen kann.

Kommentar

Die *Synchronisierung der Bewegungen* über die rhythmische Sprache entwickelt die rhythmische Anpassungsfähigkeit der Mitspieler. Sie müssen sich zur Erfüllung der Bewegungsaufgaben exakt aufeinander einstellen.

Hindernisgalopprennen

Spielaufgabe

Galopprennen pantomimisch nachspielen

Mitspieler

Die gesamte Gruppe

Geräte / Materialien

Keine

Spielbeschreibung

Alle Mitspieler stehen im Kreis und spielen "Pferde beim Galopprennen". Dabei erzählt der Spielleiter, was geschieht:
Zu Beginn sind alle furchtbar nervös, trampeln auf der Stelle und scharren mit den Hufen. Sie gehen tänzelnd in die Startbox. Die Pferde schnauben einander siegessicher an und kauen lässig auf ihren Mundstücken. In der Startbox bekommen alle Scheuklappen und halten nun ihre Hände neben die Augen. Alle warten gespannt auf den Start und strecken schon ihre Köpfe nach vorn.
Nach dem Startschuß galoppieren alle auf der Stelle los, legen sich in eine Rechtskurve, dann in eine Linkskurve. Am Oxer wird ein hoher Sprung gemacht, am Doppeloxer zwei nacheinander, am Wassergraben ein langer Satz. Danach schütteln alle das Wasser von den Hufen ab.
An der Mauer verweigern die Pferde zuerst, schütteln mit dem Kopf und zeigen dem Reiter einen Vogel. Sie bekommen ein Stück Zucker, nehmen einen neuen Anlauf und springen dann hoch und weit darüber.
Auf der Zielgeraden werden dem Pferd rechts und links die Zähne gezeigt, und sie werden mit der Schulter weggeschubst.

Alle geben sich auf den letzten Metern die Peitsche und werfen sich dann ins Ziel, ohne zu vergessen, in das Zielphoto zu lächeln.
Danach traben sie langsam aus. Zur Siegerehrung stellen sich alle siegessicher nebeneinander auf. Laut Zielphoto sind alle Sieger und erhalten eine Möhre, die sie zufrieden kauen.

Kommentar

In diesem Spiel sollen die Mitspieler durch das *übertreibende Nachspielen einer Rolle und einer Situation* ihre Scheu davor verlieren, vor anderen etwas darzustellen. Eine derartige Spielform wird in vielen Gruppen nur möglich sein, wenn bereits erste Erfahrungen mit spontanen Darstellungen gemacht worden sind und die Gruppe sich relativ gut kennt, so daß keine allzugroßen Hemmungen bestehen.

Magisches Kreuz

Spielaufgabe

Auf einer Bodenfigur freie Wege suchen

Mitspieler

Die gesamte Gruppe

Geräte / Materialien

Klebeband

Spielbeschreibung

Auf dem Boden wird mit Klebeband ein "Magisches Kreuz" gekennzeichnet. Alle Mitspieler sollen sich auf den Linien des "Magischen Kreuzes" so fortbewegen, daß sie niemandem begegnen. Sie müssen sich also immer freie Wege suchen. Bei Begegnungen müssen beide Mitspieler umdrehen. Nur auf den "Parkplätzen" darf man aneinander vorbeigehen. Begegnen sich zwei Mitspieler auf dem "Drehkreuz", so müssen sie jeweils nach rechts abbiegen.

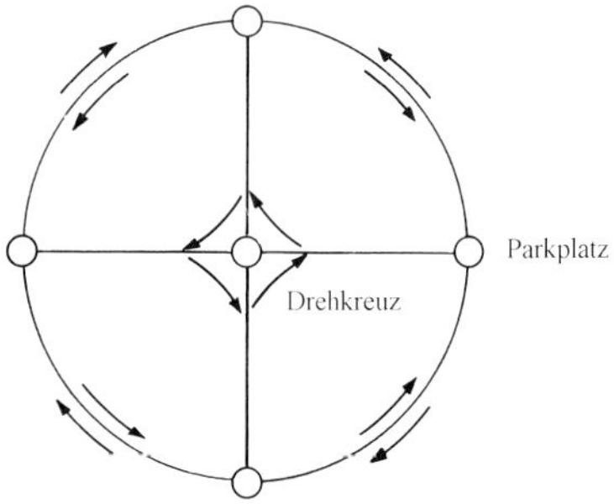

Kommentar

Die Mitspieler müssen hier genau aufeinander achten, schnell *auf sich verändernde Situationen reagieren*, früh die Absichten der anderen erkennen, die Gehwege abstimmen und vorausschauend planen, um vorwärtszukommen.

3. Spiele im Kreis

Einleitung

Wenn hier ein besonderes Kapitel ausschließlich Spielen gewidmet ist, die in einer Kreisaufstellung durchgeführt werden, so hat das seinen Grund in der besonderen Eignung dieser Form der Spielorganisation für die Zielgruppe der Herzpatienten. Diese dürfen ihren Kreislauf nicht zu hoch belasten, um das schon vorgeschädigte Herz nicht zu überfordern. Bei den meisten Spielen im Kreis müssen die Teilnehmer sich wenig vom Ort wegbewegen und schonen sich dadurch. Zudem kann die einfache Grundaufstellung bei mehreren Spielen beibehalten werden, und der Spielleiter muß nicht bei jedem neuen Spiel zeitraubend eine neue Aufstellung erklären. Vor allem bei Gruppen, die erst relativ kurze Zeit zusammen sind und die die Organisationsformen im Bewegungsunterricht noch wenig kennen, bieten sich Aufstellungen an, die längere Zeit ohne Wechsel beibehalten werden können. Trotzdem können im Kreis sehr unterschiedliche und abwechslungsreiche Spiele wie Kommunikationsspiele, Ballspiele, Abwurfspiele und andere mehr gespielt werden.

Schneewittchens Apfel

Spielidee

In einer spannungsreichen Situation schnell reagieren

Mitspieler

Die gesamte Gruppe

Geräte / Materialien

Ein Tennisball

Spielbeschreibung

Alle Mitspieler stehen in einem Kreis und geben den "vergifteten Apfel Schneewittchens" (einen Tennisball) schnell an den jeweils nächsten Mitspieler weiter. Wer den Apfel zu lange in der Hand hält, dem droht eine "Vergiftung". Der Spielleiter steht im Kreis und ruft plötzlich "Halt". Der, der den "Apfel" in der Hand hält, wird "vergiftet", falls es ihm nicht gelingt, ihn nach dem Ruf noch an einen benachbarten Mitspieler weiterzugeben. Alle müssen genau auf das Signal achten und dürfen nicht den Fehler machen, den Ball danach noch anzunehmen. Die Mitspieler haben mehrere Leben und zählen ihre "Vergiftungen" mit.

Variationen

- Die Anforderungen an die Aufmerksamkeit können noch gesteigert werden, wenn zwei Bälle, womöglich in entgegengesetzten Richtungen, weitergereicht werden.

Kommentar

Dieses Spiel fordert von den Mitspielern gute Reaktionsfähigkeit und die *adäquate Anpassung an schnell variierende Situationen*, ohne daß damit eine größere körperliche Belastung verbunden ist. Durch den Einsatz von zwei Bällen kann die Komplexität und Schwierigkeit der Aufgabenstellung noch gesteigert werden.

Ballflipper

Spielidee

Bälle exakt durch Ziele rollen

Mitspieler

Die gesamte Gruppe

Geräte / Materialien

Verschiedene Bälle

Spielbeschreibung

Alle Mitspieler bis auf drei sitzen auf einer Kreislinie. Diese drei stellen sich versetzt mit gespreizten Beinen in die Kreismitte. Die Sitzenden versuchen nun, mehrere Bälle durch die Mitte zu rollen, ohne die Beine der stehenden Mitspieler zu treffen. Wer ein Bein trifft, tauscht mit dem getroffenen Spieler im Kreis den Platz.

Variationen

- Die Mitspieler innerhalb des Kreises dürfen ein Bein bewegen, das andere muß fest am Ort stehenbleiben. Sie versuchen, mit dem freien Bein rollende Bälle abzufangen. Wer einen Ball berührt, tauscht mit dem Mitspieler, der den Ball gerollt hat, den Platz.

Kommentar

Das Grundspiel, das vor allem eine gute Koordination erfordert, wird meist recht schnell bewältigt. Sehr viel spannender ist die Variation, bei der es vor allem auf das schnelle und geschickt abgestimmte Zusammenspiel und gezielte *Täuschungsmanöver* der Sitzenden ankommt.

Sitzrollball

Spielidee

Hütchen als Vertreter von Mitspielern umstoßen

Mitspieler

Die gesamte Gruppe

Geräte / Materialien

Ein Hütchen je Mitspieler und ein Ball

Spielbeschreibung

Alle Mitspieler sitzen auf einer Kreislinie und stellen ein Hütchen vor sich auf. Aufgabe ist es, durch gezieltes Rollen des Spielballes das Hütchen eines Mitspielers zu treffen. Die Hütchen dürfen mit den Händen geschützt werden.

Variationen

- Es können auch zwei Bälle ins Spiel gebracht werden.

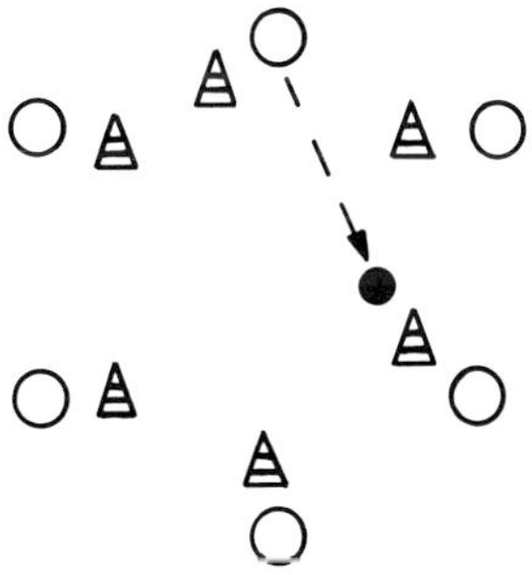

Kommentar

Das Völkerballspiel, aus dem diese Spielform abgeleitet ist, ist für Herzpatienten nicht geeignet, da die *Verletzungsgefahr* zu groß ist. Hat jeder Mitspieler allerdings ein Hütchen, das getroffen werden muß, als "*Vertreter*", dann ist dieses von seiner Grundidee her recht spannende Spiel ohne Probleme durchführbar.

Ball und Wurf

Spielidee

Zwischen verschiedenen Wurfformen wechseln

Mitspieler

Die gesamte Gruppe

Geräte / Materialien

Verschiedenfarbige Bälle oder andere Wurfgegenstände

Spielbeschreibung

Alle Mitspieler stehen auf einer Kreislinie. Nun werden verschiedenfarbige Bälle mit einer bestimmten Wurfart verknüpft, z.B. "blauer Ball - über Kopf werfen", "roter Ball - prellen", "grüner Ball - rollen" usw. Die Bälle dürfen nun im Kreis in der jeweiligen, an den Ball geknüpften Wurfform zu einem Mitspieler weitergespielt werden. Selbstverständlich muß dazu vor dem Zuspiel mit dem Mitspieler, der den Ball erhalten soll, Blickkontakt aufgenommen werden.

Variationen

- Es können auch unterschiedlichste Wurfgegenstände wie Handtücher, Turnschuhe, Pfeifen, Stifte usw. mit einer bestimmten Wurfart verknüpft und im Kreis zugespielt werden.
- Mit bestimmten Wurfgegenständen wird nicht nur eine Wurfform, sondern zusätzlich ein anschließender Platzwechsel an eine beliebige Stelle im Kreis verbunden.
- Wenn die Zuordnung der Wurfgegenstände zu den verschiedenen Wurfformen einigermaßen beherrscht wird, kann die feste Kreisaufstellung aufgelöst werden. Alle Mitspieler bewegen sich frei durch den Raum und spielen sich die Wurfgegenstände dabei zu.

Kommentar

Dieses Spiel stellt hohe Anforderungen an die *Merkfähigkeit* der Mitspieler. Je schneller die Bälle oder Wurfgegenstände weitergespielt werden, desto schwieriger wird es, die vorgeschriebene Wurfform einzuhalten.

Wörterschlange

Spielidee

Begriffe sinnvoll erweitern

Mitspieler

Die gesamte Gruppe

Geräte / Materialien

Keine bzw. ein oder zwei Bälle

Spielbeschreibung

Alle Mitspieler stehen oder sitzen auf einer Kreislinie. Der erste Mitspieler nennt einen Begriff, der zweite hängt ein Wort an diesen Begriff an, so daß sich daraus ein erweiterter sinnvoller Begriff ergibt. So wird zum Beispiel aus "Haus" "Haus-Wand". Der dritte nimmt den zweiten Teil des zusammengesetzten Begriffs und hängt an ihn ein Wort an, so daß sich wieder ein sinnvoller Begriff ergibt. Aus der "Haus-Wand" wird "Wand-Schrank". Der Begriff wird so immer weitergegeben und dabei verändert.

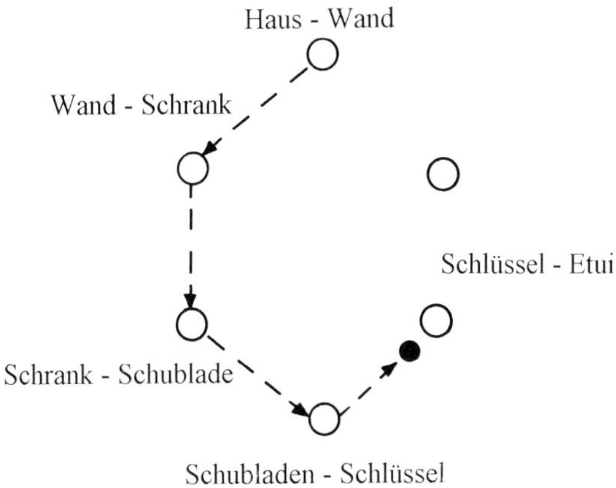

Variationen

- Mit dem erweiterten Begriff wird ein Ball weitergegeben.
- Der Ball wird zu einem beliebigen Mitspieler geworfen, der den Begriff erweitern muß usw.
- Ein zweiter Ball wird hinzugenommen und möglichst schnell von einem Mitspieler zum nächsten weitergereicht bzw. zugeworfen, während der erste Ball weiterhin mit dem Begriff weiterwandert.

Kommentar

Bei diesem *Kommunikationsspiel* wird die *kreative Ergänzung von Begriffen* durch zusätzliche Aufgaben ständig erschwert. Die Doppelaufgabe der Begriffserweiterung mit der gleichzeitigen Weitergabe eines Balles, dem überraschenden Zuspielen im Kreis und der Einbeziehung eines zweiten Balles erfordert höchste Konzentration.

Bewegungsschlange

Spielidee

Komplizierte Bewegungen exakt übernehmen

Mitspieler

Die gesamte Gruppe

Geräte / Materialien

Keine

Spielbeschreibung

Alle Mitspieler stehen auf einer Kreislinie. Einer beginnt mit einer komplizierten Bewegung, die die anderen nach und nach übernehmen. Wenn die Bewegung die ganze Gruppe durchlaufen hat, beginnt der nächste Mitspieler mit einer neuen Bewegung.

Variationen

- Es können auch Schrittkombinationen oder besondere Mimiken vorgemacht und nachgeahmt werden.

Kommentar

Dieses Spiel lebt neben der genauen Beobachtung und Nachahmung der Mitspieler vor allem von den *schwierigen oder lustigen Gesten*, die man vormacht und damit allen anderen vorschreibt.

Tonleitung

Spielidee

Worte oder Töne wahrnehmen und weitergeben

Mitspieler

Die gesamte Gruppe

Geräte / Materialien

Keine

Spielbeschreibung

Alle Mitspieler stehen auf einer Kreislinie. Einer macht eine Kopfbewegung nach links oder rechts und gibt dabei ein Wort oder nur einen Ton, die rundum weitergegeben werden, in dieselbe Richtung ab. Nach und nach werden immer mehr Worte oder Töne in rascher Folge weitergegeben.

Variationen

- Es können auch nacheinander Worte oder Töne in entgegengesetzte Richtungen weitergegeben werden.
- Alle Mitspieler fassen sich an den Händen. Einer gibt einen Ton zusammen mit einem Händedruck weiter. Die Richtung der Tonweitergabe kann von Spieler zu Spieler durch entsprechenden Händedruck auch umgedreht werden
- Der erste kann sogar verschiedene Töne nacheinander abschicken, so daß gleichzeitig mehrere Töne im Kreis herumwandern.

Kommentar

Die mit ständig sich steigernder Geschwindigkeit aufeinander *abgestimmten Interaktionen* verlangen ständige Konzentration und aufmerksame Beobachtung der Aktionen der Mitspieler.

Urwald

Spielidee

In Dreiergruppen Tiere darstellen

Mitspieler

Die gesamte Gruppe

Geräte / Materialien

Keine

Spielbeschreibung

Alle Mitspieler stehen auf einer Kreislinie. Der Spielleiter stellt sich in die Mitte, zeigt plötzlich auf einen der Spieler und nennt ein Urwaldlebewesen, dessen Darstellung vorher abgesprochen wurde. Der Angesprochene muß mit seinem rechten und linken Nachbarn das entsprechende Tier darstellen. Wer bei der Darstellung einen Fehler macht oder zu lange überlegt, übernimmt die Aufgabe des Spielleiters.
Hier sind viele verschiedene amüsante Tierimitationen möglich:

- Bei *"Elefante"* zeigt der Mittlere den Rüssel, in dem er sich mit der einen Hand an der Nase faßt und den anderen Arm durch den dadurch gebildeten Kreis streckt, und die Äußeren bilden mit beiden Armen die Ohren.
- Bei *"Kakadu"* zeigt der Mittlere mit gestreckten Armen, die aufeinandergeschlagen werden, den Schnabel und die Äußeren wackeln mit dem Hintern.
- Bei *"Hase"* zeigt der Mittlere mit den Fingern Hasenzähne und die Äußeren mit je einem Arm Hasenohren.
- Bei *"Affe"* stößt der Mittlere Affengebrüll aus und die Äußeren kratzen sich unter den Armen.
- Bei *"Tarzan"* stößt der Mittlere Tarzangebrüll aus und die Äußeren trommeln sich auf die Brust.
- Bei *"Palme"* streckt der Mittlere beide Arme als Palmwedel nach oben und die Äußeren je einen Arm.

Variationen

- Die Mitspieler stellen sich auf eine Kreislinie, merken sich ihre Nebenleute und bewegen sich dann frei durch den Raum. Der Spielleiter zeigt wieder plötzlich auf einen der Mitspieler und nennt ein Tier. Der Mitspieler muß sich schnell mit seinen benachbarten Mitspielern zusammenfinden und das angegebene Tier darstellen.

Kommentar

Normalerweise werden Darstellungsaufgaben in den Gruppen abgelehnt oder man steht ihnen zumindest skeptisch gegenüber. In diesem Spiel bereitet es meist keine Schwierigkeiten, die Mitspieler zu verschiedenen *übertreibenden Darstellungen* zu veranlassen. Die Schnelligkeit der geforderten Interaktionen lenkt zusätzlich von der öffentlichen Darstellung ab.

Was ist das?

Spielidee

Eine eingespielte Kommunikationsform behaupten

Mitspieler

Die gesamte Gruppe

Geräte / Materialien

Zwei verschiedenfarbige Bälle

Spielbeschreibung

Alle Mitspieler stehen auf einer Kreislinie. Der Spielleiter steht ebenfalls im Kreis und hält zwei verschiedenfarbige Bälle in der Hand. Er gibt einen Ball zur rechten Seite weiter und sagt: "Das ist eine Zitrone." Der Angesprochene fragt zurück: "Was ist das?" Darauf antwortet der Spielleiter: "Das ist eine Zitrone." Der Mitspieler mit dem Ball gibt diesen mit denselben Worten an seinen rechten Nachbarn weiter. Der fragt zurück: "Was ist das?" Die Frage wird jetzt an den Spielleiter gestellt, der sie beantwortet. Die Antwort wird zu dem Fragesteller weitergegeben, der den Ball in der Hand hält usw. Der gleiche Ablauf wird mit dem anderen Ball als "Banane" zur anderen Seite gestartet, so daß sich die Frage- und Antwortketten irgendwann überlagern.

Kommentar

In diesem Spiel ist es wichtig, sich *ernsthaft auf die Frage- und Antwortkette einzulassen.* Durch die ständige Wiederholung der eingespielten Kommunikationsform wird sie aus dem sinnvollen Zusammenhang herausgeholt und unsinnig übertrieben. Spätestens, wenn die Bälle sich treffen und die beiden Fragerichtungen sich überschneiden, kommt die geordnete Frage- und Antwortkette durcheinander und bricht meist mit Versprechern und Verwechslungen zusammen. Falls man das Spiel mehrmals direkt nacheinander spielen will, sollte man die Kreisaufstellung immer wieder verändern, da sonst die schwierige Überlagerung der Ketten, an der die Kommunikation meist durcheinandergerät, immer von demselben Spieler bewältigt werden muß.

Funkturm

Spielidee

Bewegungsformen wahrnehmen und nachahmen

Mitspieler

Die gesamte Gruppe

Geräte / Materialien

Keine

Spielbeschreibung

Alle Mitspieler stehen auf einer Kreislinie. Einer ist der "Funkturm", der unterschiedliche Bewegungen an seinen rechten und linken Nachbarn weitergibt. Die Nachbarn geben ihrerseits die Bewegungen weiter, die sich so wellenförmig nach beiden Seiten ausbreiten. An einer Stelle im Kreis überlagern sich die Bewegungen. Sie sollen immer weitergegeben werden, bis sie wieder beim "Funkturm" angelangen.

Variationen

- Wenn die Abfolge beherrscht wird, folgt der ersten Bewegung in immer kürzerem Abstand die nächste.

Kommentar

Der schnelle Wechsel der Bewegungen erfordert hohe Aufmerksamkeit und anhaltende Konzentration. Das Spannende an diesem Spiel ist, wie lange es der Gruppe gelingt, die sich *überschneidenden Bewegungswellen* kontinuierlich weiterzugeben.

Das ist meine Nase!

Spielidee

Sprache und Gestik in widersprüchlicher Weise miteinander verbinden

Mitspieler

Die gesamte Gruppe

Geräte / Materialien

Keine

Spielbeschreibung

Alle Mitspieler stehen auf einer Kreislinie. Einer greift sich an sein Ohr und sagt mit voller Überzeugung: "Das ist meine Nase!" Der nächste Mitspieler greift sich an die Nase und sagt zu seinem nächsten Nachbarn: "Das ist mein Zeh!" Der greift sich an den Zeh und sagt: "Das ist mein linker Ellbogen!" usw. Es wird also immer das Körperteil berührt, das der vorangehende Mitspieler genannt hat, und mit einem neuen Begriff eines Körperteils verbunden.

Variationen

- Die widersprüchliche Verbindung von Sprache und Gestik in der Kommunikationskette soll immer schneller erfolgen.

Kommentar

Bei diesem Spiel wird der fest eingespielte Kommunikations- bzw. Zeigezusammenhang durch das *Aufbrechen und Verschieben* der ansonsten zusammengehörenden Gesten und sprachlichen Benennung aufgebrochen. Das regelgerechte Durchhalten der widersprüchlichen Interaktion erfordert eine hohe Konzentration und führt bei wachsender Schnelligkeit unweigerlich zu Fehlern.

Kreistelegramm

Spielidee

Schwierige Bewegungen koordinieren

Mitspieler

Die gesamte Gruppe

Geräte / Materialien

Keine

Spielbeschreibung

Je nach Anzahl der Mitspieler werden drei oder vier Bänke in einem Dreieck oder in einem Quadrat aufgestellt. Alle Mitspieler setzen sich mit dem Gesicht nach innen in engem Abstand auf die Bänke und legen jeweils eine Hand dem Mitspieler links und rechts von ihnen auf das Knie. Dadurch werden die Arme zweier Mitspieler überkreuzt. Nun wird ein "Telegramm" durch Anheben und Aufklatschen der Hand auf das Knie weitergegeben. Durch zweimaliges Anheben und Aufklatschen wird das "Telegramm" in die Gegenrichtung zurückgeschickt.

Variationen

- Erschwert werden kann die Koordination, wenn das entsprechende Bein mit der daraufliegenden Hand zur Weitergabe des "Telegramms" gleichzeitig angehoben und aufgestampft werden muß.
- Man kann dieses Spiel auch im Stehen durchführen. Dazu stellt jeder sein linkes Bein links neben das rechte Bein des linken Nachbarn und stampft zur "Telegrammweitergabe" auf.
- Man kann dem Spiel auch einen ausgeprägteren Wettkampfcharakter geben. Dazu muß derjenige, der nicht regelgerecht geklopft hat, die entsprechende Hand hinter den Rücken nehmen. Wenn mehrere ausgeschieden sind, sollte man das Spiel allerdings beenden bzw. von neuem beginnen.

Kommentar

Dieses bekannte Spiel wird in seiner Ursprungsversion meist am Tisch sitzend gespielt. Hier wird es auf die Bedingungen und Möglichkeiten der Halle übertragen. Es erfordert hohe Aufmerksamkeit und eine gute Koordinationsfähigkeit. Die *doppelte Koordination* der Hand mit dem Bein des Nachbarn erschwert die Aufgabe enorm.

Zahlenreihe

Spielidee

Eine Aufgabe lösen, ohne zu sprechen

Mitspieler

Die gesamte Gruppe

Geräte / Materialien

Tesafilm, Zettel mit aufsteigender Zahlenfolge

Spielbeschreibung

Alle Mitspieler bekommen eine ihnen unbekannte Zahl auf den Rücken geklebt. Keiner darf sprechen und alle sollen sich nun in einer durchgehenden Zahlenfolge auf eine Kreislinie stellen.

Variationen

- Es kann auch die Aufgabe gestellt werden, zwei Kreise mit jeweils ungeraden und geraden Zahlen in aufsteigender Folge zu bilden.

Kommentar

Das Interessante an diesem Spiel ist, wie die *Strategien zur Lösung der Aufgabe* in der Gruppe *ohne sprachliche Kommunikation* gebildet werden und welche Verhaltensweisen einzelne Mitspieler dabei an den Tag legen. Die Spieler müssen Sensibilität für soziale Interaktionsformen entwickeln und auf Signale der anderen achten.

4. *Spiele zum Laufen*

Einleitung

Die Entwicklung der Ausdauerleistungsfähigkeit über Laufprogramme mit individuell dosierter Belastung zählt zu den fest etablierten Bestandteilen der Bewegungstherapie im Herzsport. Wenn hier ein spezielles Kapitel verschiedenen Spielformen zum Laufen oder schnellen Gehen gewidmet ist, so soll und kann dadurch ein gezieltes Ausdauertraining, in dem nicht zuletzt die Entwicklung der Wahrnehmung für die eigene körperliche Belastung einen wichtigen Stellenwert einnimmt, nicht ersetzt werden. Allerdings besteht in Trainingsformen immer die Gefahr, daß die Patienten zu Leistungsvergleichen animiert werden und sich bei dieser ausschließlichen 'Wattzahlenorientierung' überfordern. Wenn der Verbesserung der Ausdauer innerhalb der Bewegungstherapie eine zentrale Bedeutung zugemessen wird, dann wird bei den Patienten zudem ein Denken unterstützt, in dem der eigene Körper hauptsächlich als eine Maschine und das Herz als eine Pumpe betrachtet werden, die gewartet und trainiert werden müssen.

In den folgenden Spielen wird das Laufen thematisch in bestimmte *Phantasiebilder und -situationen* eingebunden. Über die sprachliche Lenkung der Geschichten hat der Spielleiter fast immer die Möglichkeit, die Laufbeanspruchung zu steuern und zu modifizieren. In den restlichen Spielen gibt der Leiter nur den *Spielrahmen* vor, in dem die Laufbelastung von jedem einzelnen individuell bestimmt werden kann. Hier müssen die Mitspieler weitgehend selbst einschätzen, welche körperliche Beanspruchung ihnen zuträglich ist und wo für sie die körperlichen Grenzen liegen. Natürlich können derartige Formen erst gespielt werden, wenn die Patienten einige Erfahrung in der Einschätzung von Laufbelastungen und den eigenen Belastungsgrenzen gemacht haben. Die letzte Verantwortung liegt jedoch immer noch beim Leiter, der aufgrund äußerer Kennzeichen erkennen muß, ob einzelne sich überanstrengen, und der in solchen Fällen nicht zögern darf, ein Spiel abzubrechen.

Jäger und Hasenfreunde

Spielaufgabe

Fangen und Befreien

Mitspieler

Die gesamte Gruppe

Geräte / Materialien

Keine

Spielbeschreibung

Ein oder mehrere "Jäger" versuchen, die "Hasen" durch Berühren abzuschlagen. Dabei dürfen sich alle nur gehend fortbewegen. Wer berührt worden ist, muß bewegungslos stehenbleiben. Der "arme Hase" kann aber befreit werden, wenn ihm ein "Hase" mit derselben Haarfarbe, also ein "Hasenfreund" über den Kopf streicht und sagt: "Armes Häschen. Du bist wieder frei!"

Variationen

- Zur Befreiung des "Hasen" durch einen "Hasenfreund" können auch andere gemeinsame Merkmale wie Schuhfarbe, T-Shirt-Farbe, Augenfarbe usw. vereinbart werden.
- Es sind auch andere Erlösungsformen möglich, z.B. muß der "Hase" einmal um die eigene Achse gedreht werden, er wird umarmt oder zwei "Hasenfreunde" geben sich um den gefangenen "Hasen" die Hände.

Kommentar

Bei diesem Fangspiel mit individuell steuerbarer Belastung kann jeder Mitspieler in einem gewissen Rahmen *selbst bestimmen*, wie intensiv er sich am Spiel beteiligt. Er kann sich beim Befreien zurückhalten oder in riskantere Situationen begeben, aus denen er sich vielleicht nicht wieder retten kann. Allerdings steht meist weniger das Jagen und Abschlagen als das lustige Befreien, bei dem man auf ungewohnte Weise miteinander in Kontakt kommt, im Vordergrund.

Wilde Waggons

Spielaufgabe

Sich an die Bewegung von Mitspielern anpassen

Mitspieler

Die gesamte Gruppe

Geräte / Materialien

Keine

Spielbeschreibung

Vorbild für dieses Spiel ist ein Verschiebebahnhof für Güterwaggons, auf dem einzelne Waggons angestoßen werden, so daß sie sich vom Zug lösen, eine Weile alleine über die Schienen rollen und schließlich an einem neuen Zug ankuppeln.
Jeder Mitspieler stellt einen "Waggon" dar. Die "Züge" werden aus zwei bis maximal vier "Waggons" gebildet, die sich zusammen fortbewegen. Daneben gibt es einige einzelne "wilde Waggons". Zusammengekoppelt werden die "Züge", indem die hinteren Mitspieler ihren jeweiligen Vorderleuten eine oder beide Hände auf die Schulter legen. Die "Züge" und einige "wilde Waggons" bewegen sich gehend oder trabend frei durch die Halle. Ab und an stößt ein "wilder Waggon" von hinten an einen "Zug", hängt sich an, gibt ihm mit den Händen einen kleinen Schubs, der sich durch den "Zug" fortpflanzt und durch den der vorderste "Waggon" abgestoßen wird.

Variationen

- Die "Züge" und "Waggons" dürfen jetzt nur noch auf "Gleisen", also auf den Linien am Boden fahren. Eventuell müssen dazu mit Tesakreppband zusätzliche Linien markiert werden. Kommt es auf einem "Gleis" zu einer Begegnung, so kehren beide "Züge" in die entgegengesetzte Fahrtrichtung um.

- Die einzelnen "Waggons" können auch durch eine Zauberschnur oder ein Seil verbunden werden. Dazu wird die Zauberschnur oder das Seil zu einem Ring zusammengeknotet und um die Hüfte der "Waggons" gelegt. Der "Zug" muß sich so fortbewegen, daß die Zauberschnur nicht zu Boden fällt. Eine andere Möglichkeit besteht darin, daß die Mitspieler im "Zug" jeweils mit der linken und rechten Hand gemeinsam einen Stab fassen.
- Die einzelnen "Waggons" der "Züge" können auch im Gleichschritt eng zusammen "rollen". Die "wilden Waggons" müssen beim "Ankoppeln" den richtigen Schritt aufnehmen.
- Das Spiel kann auch leicht zu einem Fangspiel abgeändert werden. Ein oder mehrere "Bremser" versuchen, die "wilden Waggons" durch Abschlagen zu stoppen. Wenn die "wilden Waggons" in Gefahr geraten, können sie sich an einen "Zug" anhängen. Der vorderste Mitspieler wird zum freien "Waggon" und abgestoßen. Dabei dürfen sich alle natürlich nur gehend fortbewegen.

Kommentar

Auch hier haben die einzelnen Mitspieler oder kleinere Gruppen von Mitspielern wieder die Möglichkeit, ihre *Bewegungsintensität selbst zu regulieren.* Sie können sich absprechen, wie schnell sie sich gemeinsam als "Zug" fortbewegen, und die "wilden Waggons" können sich zu einer Bewegungspause an einen langsamen "Zug" anhängen.

Rotkäppchen und der Wolf

Spielaufgabe

Vorgeschriebene Bewegungen ausführen

Mitspieler

Die gesamte Gruppe

Geräte / Materialien

Vier Bänke

Spielbeschreibung

Die Bänke werden zu einem Quadrat gestellt und alle Mitspieler setzen sich gleichmäßig verteilt rittlings auf die Bänke. Gruppen von Mitspielern werden verschiedene Farben zugeordnet. Der Spielleiter erzählt nun das Märchen von "Rotkäppchen und dem bösen, schwarzen Wolf". Kommt eine der abgesprochenen Farben in der Geschichte vor, muß die entsprechende Gruppe einmal um das Bankquadrat gehen oder traben. Kommt der Begriff "bunt" vor, dann müssen sich alle in Bewegung setzen.

Variationen

- Natürlich kann auch jede andere Geschichte als Grundlage für dieses Spiel dienen. Dem Spielleiter kommt die wichtige Aufgabe zu, die Farben regelmäßig in die Geschichte einzubinden und lustige Begebenheiten einzuflechten.

Kommentar

Ähnlich wie beim "Familienausflug" kann der Spielleiter die *Belastung* über die Nennung der Farben *gezielt steuern*. Es können auch Mitspieler mit unterschiedlicher Leistungsfähigkeit zusammengesetzt und so ein differenziertes Ausdauertraining gestaltet werden.

Kuckuck

Spielaufgabe

Schnell reagieren und gemeinsam eine Figur darstellen

Mitspieler

Die gesamte Gruppe

Geräte / Materialien

Keine

Spielbeschreibung

Die Mitspieler finden sich zu Dreiergruppen zusammen. Jeweils zwei fassen sich an den Händen und bilden ein "Nest", in dem der dritte als "Nesthocker" steht. Ein oder zwei Mitspieler, die übrigbleiben, sind die "Kuckucke". Auf Ansage des Spielleiters bewegen sich nun alle frei im Raum. Ruft er plötzlich "Kuckuck", so müssen sich drei Mitspieler zusammenfinden und möglichst schnell "Nester" mit einem "Nesthocker" bilden. Diejenigen, die kein "Nest" gefunden haben, werden nun zu "Kuckucken". In dieser Rollenverteilung beginnt das Spiel von neuem.

Variationen

- Die Mitspieler müssen sich zu ihrem alten Nest zusammenfinden. Die "Kuckucke" versuchen, ein "Nest" zu besetzen.

Kommentar

Der Spielleiter hat es in der Hand, wie oft und wie schnell "Nester" gebildet werden und wie oft er dadurch nach schnelleren, belastenden Bewegungsphasen *Bewegungspausen* einstreut.

Kreislauf

Spielaufgabe

Mit regelmäßigen Bewegungspausen laufen

Mitspieler

Die gesamte Gruppe

Geräte / Materialien

Keine

Spielbeschreibung

Eine ungerade Anzahl von Mitspielern steht auf einer Kreislinie. Ein Ball wird im Kreis immer zum übernächsten Mitspieler geworfen. Nach dem Wurf läuft der jeweilige Werfer einmal um den Kreis und ordnet sich danach wieder an seiner vorherigen Position ein.

Variationen

- Die Laufrichtung kann immer wieder geändert werden.

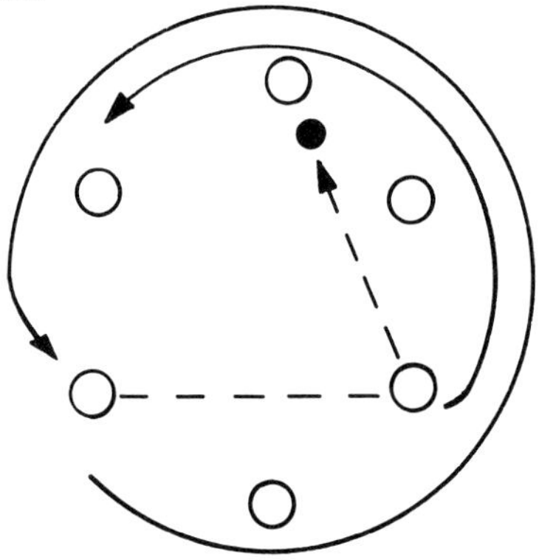

Kommentar

In diesem Spiel kann über die Anzahl der Mitspieler im Kreis und die Geschwindigkeit, in der der Ball geworfen wird, die *Laufbelastung* der Mitspieler gezielt *gesteuert* werden.

Hütchentanz

Spielaufgabe

Auf einem bestimmten Laufweg fortbewegen

Mitspieler

Die gesamte Gruppe, aufgeteilt in Dreiergruppen

Geräte / Materialien

Drei Hütchen je Dreiergruppe

Spielbeschreibung

Jeweils drei Hütchen werden in einer Linie im Abstand von zwei bis drei Metern aufgestellt. Drei Mitspieler stellen sich in einer Reihe vor den Hütchen auf und gehen dann in einer Schlangenlinie um die Hütchen. Der letzte geht nur bis zum mittleren Hütchen, umkreist es halb und geht dann in die Gegenrichtung zurück. Dieser Mitspieler setzt sich dadurch an die Spitze der Dreiergruppe. So kommt es im weiteren Verlauf zu ständigen Führungswechseln. Am besten führt man diesen Gehtanz zu einer relativ ruhigen Musik aus.

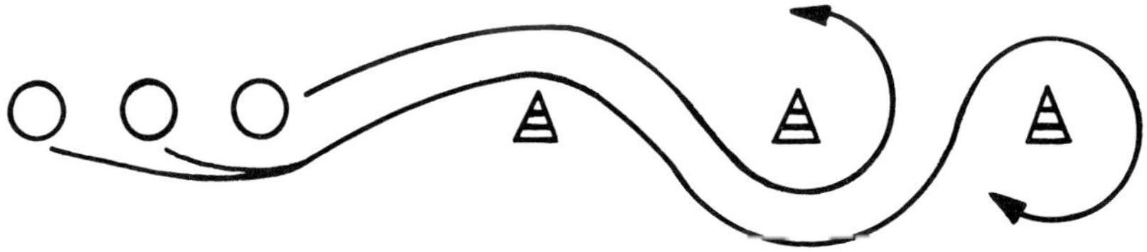

Kommentar

In diesem Spiel wird die langsame, *kontinuierliche Gehbelastung* mit einer koordinierten Bewegungsform in der Gruppe verbunden, die ständige Aufmerksamkeit und gegenseitige Abstimmung der Bewegungen erfordert.

Bankrutsch-Staffel

Spielaufgabe

Mit geringer körperlicher Belastung fortbewegen

Mitspieler

Die gesamte Gruppe, aufgeteilt in zwei Mannschaften

Geräte / Materialien

Zwei Bänke und zwei Bälle

Spielbeschreibung

Die Mitspieler teilen sich in zwei Mannschaften auf und setzen sich eng nebeneinander auf jeweils eine Bank. Der erste Spieler legt neben sich auf das äußerste Ende der Bank einen Ball. Auf das Startsignal hin nimmt er den Ball hoch, rutscht an die Stelle des Balles und legt ihn auf der anderen Seite neben sich wieder ab. Der nächste Mitspieler nimmt den Ball, rutscht weiter, legt den Ball neben sich usw. Wenn der Ball am anderen Ende der Bank angekommen ist, wird er am Boden zurückgerollt, während der erste Spieler ans Ende der Bank geht und sich dort hinsetzt. Welche Mannschaft sitzt als erste wieder in der alten Reihenfolge?

Variationen

- Jeder Mitspieler wirft den Ball kurz hoch, klatscht in die Hände, fängt ihn wieder auf, rutscht weiter und gibt den Ball an den nächsten Mitspieler weiter.

Kommentar

Dadurch, daß die Mitspieler in dieser Staffelform meist sitzen und zwischen den Gehphasen längere Pausen liegen, werden *Belastungsspitzen vermieden.*

Pony-Expreß

Spielaufgabe

Mit Bewegungspausen laufen

Mitspieler

Die gesamte Gruppe

Geräte / Materialien

Keine

Spielbeschreibung

Alle Mitspieler stellen sich auf eine Kreislinie, und jeder merkt sich den Mitspieler, der rechts neben ihm steht. Der Kreis wird aufgelöst und alle gehen durcheinander durch den Raum. Der Spielleiter gibt einem beliebigen Mitspieler eine kurze mündliche Nachricht, der überbringt sie schnell dem nächsten in der Reihe, also seinem vorherigen rechten Nachbarn usw. Der letzte läuft zum Spielleiter und teilt ihm mit, welche Nachricht bei ihm angekommen ist.

Variationen

- Es können auch zwei Kreise und damit zwei Mannschaften gebildet werden. Nun gibt der Spielleiter zwei unterschiedliche Nachrichten an je einen Mitspieler beider Mannschaften. Welche Nachricht kommt als erste wieder richtig bei ihm an?

Kommentar

Über die Schnelligkeit, mit der der Spielleiter die Nachrichten aufeinander folgen läßt, kann er die *Belastung* der Mitspieler genau *steuern*.

5. Spiele zum Fangen und Werfen

Einleitung

Fangen und Werfen zählen zu den grundlegenden Fertigkeiten, ohne deren zumindest basale Beherrschung eine große Anzahl von Spielen überhaupt nicht in Gang kommen kann. Viele der meist älteren Teilnehmer haben allerdings häufig jahrelang keinen Ball mehr in der Hand gehabt. Auch in ihrem Schulunterricht hat eine großen Anzahl kaum die Gelegenheit gehabt, mit Bällen umzugehen bzw. sicher und genau zuspielen und fangen zu lernen.

Aus diesen Gründen ist an dieser Stelle ein spezielles Kapitel Spielen und Spielformen gewidmet, in denen *vielfältige Erfahrungen mit Wurfgelegenheiten und Bällen* gesammelt werden können. Neben speziellen Situationen zum eigenständigen Erproben gezielten Werfens stehen hier Formen aus dem Übungskanon der großen Spiele, die durch die komplexen, exakt abgestimmten Bewegungen, Lauf- und Ballwege innerhalb der Gruppe eine spielerische Spannung erhalten. Außerdem sind einige ungefährliche Variationen und Modifikationen bekannter kleiner Spiele und Sportspiele aufgeführt, die die in diesen Spielen möglichen Verletzungen vermeiden sollen.

Zielwerfen

Spielaufgabe

Auf Ziele werfen

Mitspieler

Die gesamte Gruppe

Geräte / Materialien

Bänke, Matten, Reifen, Kastenoberteile, Seile, Hütchen, Sandsäckchen, Ringe, Bälle

Spielbeschreibung

Mit Hilfe von Geräten werden unterschiedliche Zielwurfgelegenheiten gebaut:
- Reifen über Hütchen werfen
- Sandsäckchen in ausgelegte Reifen werfen
- Ring mit dem Stab zwischen Hütchen durchspielen
- Ball in einen hohen Kasten werfen
- Ball in ein Kastenoberteil in einer Ecke werfen
- Ring durch ein Kastenteil auf eine Matte werfen
- Ball über eine Bank in ein Kastenoberteil rollen

Die Mitspieler verteilen sich auf die verschiedenen Zielwurfgelegenheiten und probieren sie aus. Nach einiger Zeit werden die Wurfstationen gewechselt.

Variationen

- Jeder Mitspieler erhält an jeder Station drei Würfe und zählt die Treffer, die er insgesamt erzielt.

Kommentar

Durch freies und selbständiges Üben des Werfens ohne die Belastung eines direkten Wettkampfes oder einer zusätzlichen Aufgabenstellung sollen die Mitspieler ihre *Fertigkeiten im Werfen an unterschiedlichsten Zielwurfgelegenheiten entwickeln.*

Ball auf Befehl

Spielaufgabe

Schnell zwischen verschiedenen Wurfformen wechseln

Mitspieler

Paare

Geräte / Materialien

Ein Ball je Paar

Spielbeschreibung

Zwei Mitspieler spielen sich einen Ball in Formen zu, die der Ballfänger dem Ballwerfer jeweils vorschreibt. Der Fänger sagt also direkt vor jedem Wurf an, wie der Ball zugespielt werden soll.

Variationen

- Es können auch bestimmte Zeichen für unterschiedliche Zuspielweisen vereinbart werden.
- Alle Mitspieler stellen sich auf eine Kreislinie und spielen sich auf diese Weise einen oder sogar mehrere Bälle zu.

Kommentar

Die Wurfansage durch den Ballfänger soll dazu beitragen, daß der Werfer schnell zwischen verschiedenen Wurfformen wechselt und so nach und nach ein *variables Wurfrepertoire* aufgebaut wird.

Gassenlauf

Spielaufgabe

In der Bewegung fangen und werfen

Mitspieler

Paare

Geräte / Materialien

Mehrere Bälle

Spielbeschreibung

Die Mitspieler stehen sich paarweise in zwei Linien, also in Gassenaufstellung, gegenüber und spielen sich je einen Ball zu. Dabei bewegen sie sich gleichzeitig seitwärts, bis das erste Paar an der Hallenwand angekommen ist. Dieses Paar geht durch die Gasse an den Anfang zurück und schließt sich dort an. Die anderen müssen ihre Bälle gezielt über dieses Paar, vor ihm oder hinter ihm, vorbeiwerfen.

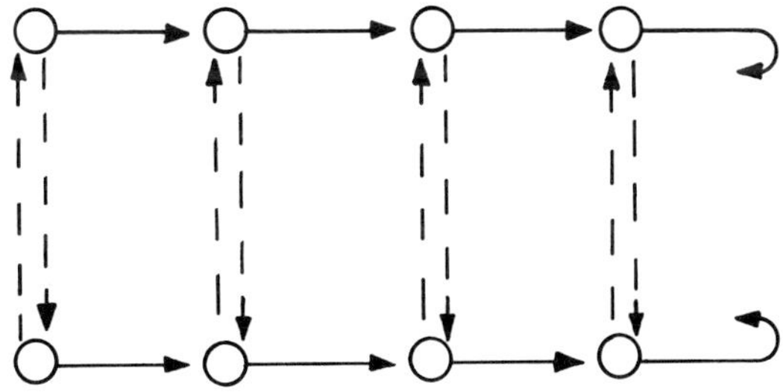

Kommentar

Den Mitspielern fällt es oft schwer, einen Ball zuzuwerfen bzw. zu *fangen und sich dabei gleichzeitig selbst fortzubewegen*. Hier wird diese Fähigkeit in einer vergleichsweise einfachen Form erprobt und geübt. Dabei müssen auch die Bewegungen der anderen Mitspieler beobachtet und durch genaues Werfen mit berücksichtigt werden.

Foppen

Spielaufgabe

Auf Ansage schnell reagieren

Mitspieler

Die gesamte Gruppe. Falls diese mehr als sechs bis acht Mitspieler umfaßt, wird sie in zwei Halbgruppen aufgeteilt.

Geräte / Materialien

Ein weicher Ball

Spielbeschreibung

Die Mitspieler stellen sich nebeneinander in einer Linie auf. Ihnen gegenüber steht in drei bis vier Metern Abstand ein Mitspieler, der ihnen einen Ball zuwirft. Er darf Zuspiele auch nur antäuschen. Der Mitspieler, zu dem ein Zuspiel nur angetäuscht wird, darf sich nicht bewegen. Zuckt er trotzdem mit den Händen, so tauscht er den Platz mit dem Zuwerfer.

Variationen

- Der Zuwerfer sagt im Moment der Ballabgabe an, ob der Ball gefangen werden soll oder nicht. Ruft er "Fangen", so soll der Angespielte fangen, ruft er "Nein", darf sich der Angespielte nicht bewegen. Der Zuwerfer muß sich dann selbst den Ball zurückholen.
- Der Zuwerfer ruft eine Zahl, wirft den Ball oder täuscht den Wurf nur an. Der Angespielte darf den Ball nur fangen, wenn die Zahl durch 2 oder 3 oder 4 teilbar ist.
- Der Fänger darf den Ball nur fangen, wenn beim Zuspiel sein Name gerufen wird.
- Man darf den Ball nur fangen, wenn der Name von etwas Eßbarem gerufen wird.

Kommentar

Die in diesem Spiel erlaubte und sogar verlangte Täuschung soll die Mitspieler dazu veranlassen, die Werfer aufmerksam zu beobachten, ihr *Verhalten im voraus einschätzen* zu lernen und ihr Vorhaben möglichst früh vorauszuahnen.

Spiel im Viereck

Spielaufgabe

Fangen, Werfen und Laufen koordinieren

Mitspieler

Die gesamte Gruppe, aufgeteilt in vier Kleingruppen

Geräte / Materialien

Zwei Bälle

Spielbeschreibung

Vier gleich starke Kleingruppen stellen sich jeweils an den Ecken eines Vierecks auf. Nun werfen die ersten Mitspieler der zwei auf einer Seite stehenden Gruppen ihre Bälle zum ersten Mitspieler der diagonal gegenüberstehenden Gruppe und schließen sich dann der nächsten Gruppe im Uhrzeigersinn an.

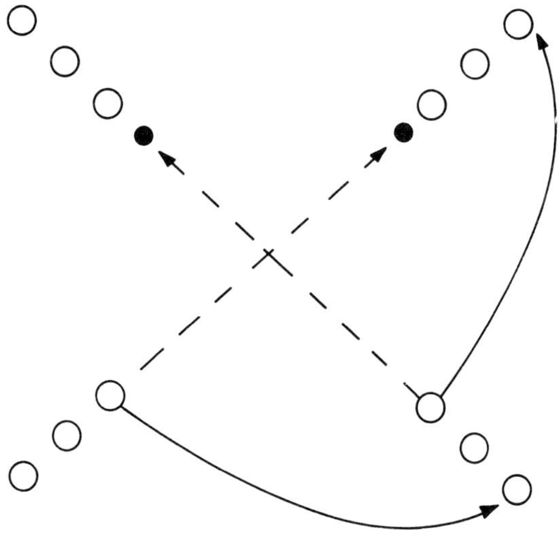

Variationen

- Die Bälle werden nun im Viereck gespielt und die Mitspieler laufen in Wurfrichtung und schließen sich der diagonal gegenüberstehenden Gruppe an.

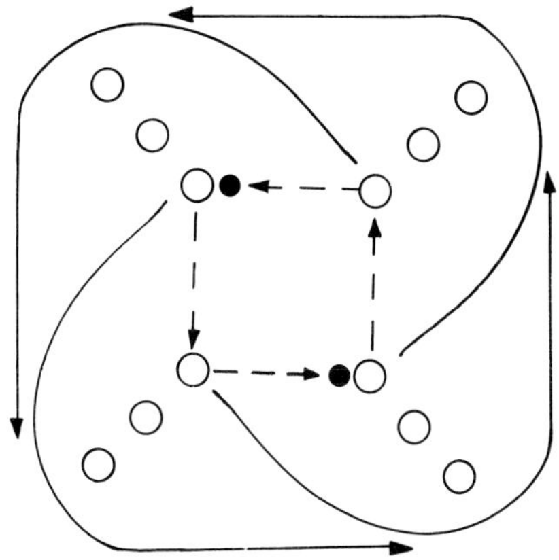

- Es können sich auch alle Mitspieler in zwei gegenüberliegende Halbkreise stellen. Die eine Hälfte der Spieler hat jeweils einen Ball, den sie zum gegenüberstehenden Spieler werfen. Danach gehen die Werfer einen Schritt nach rechts (oder links) zur nächsten Position im Halbkreis.

Kommentar

Durch die *Trennung von Wurf- und Laufrichtung* sollen die Mitspieler lernen, ihre Aufmerksamkeit von einer Bewegungsaktion schnell auf die nächste zu richten, auf ihre Mitspieler zu achten und die Bewegungen aufeinander abzustimmen. Der genau vorherbestimmte, geordnete Ablauf ohne störenden Gegenspieler vermindert die Ansprüche an die Koordination. Dieses Spiel hat einen kooperativen Grundcharakter: Es geht zentral darum, die geforderte Aufgabe möglichst lange, ohne Fehler zu erfüllen.

Sternball

Spielaufgabe

Laufen und werfen in der Gruppe koordinieren

Mitspieler

Die gesamte Gruppe

Geräte / Materialien

Ein bis drei Bälle

Spielbeschreibung

Alle Mitspieler stehen auf einer Kreislinie. Einer geht in die Mitte und erhält von einem Mitspieler aus dem Kreis einen Ball zugespielt, den er zu dessen rechten Nachbarn weiterwirft. Alle Spieler gehen immer hinter ihrem geworfenen Ball her, so daß der Fänger im Kreis ständig wechselt.

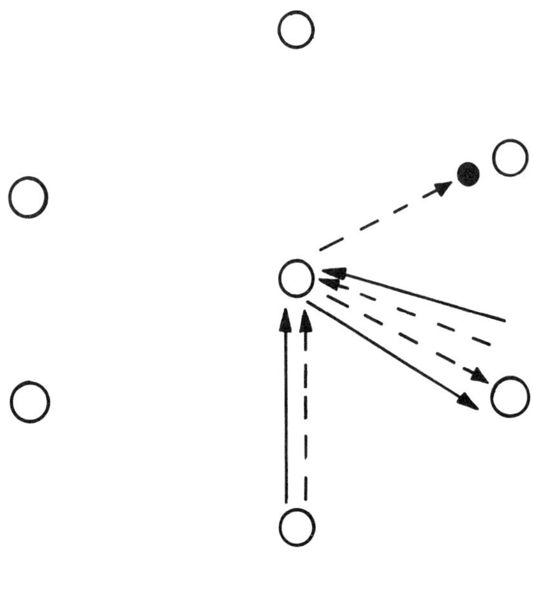

Variationen

- Wenn der Ablauf einigermaßen beherrscht wird, kann noch ein zweiter oder sogar ein dritter Ball ins Spiel einbezogen werden.
- Der Kreis kann sehr groß gemacht werden, so daß die Mitspieler über eine relativ weite Distanz werfen und gehen müssen. Der Kreis kann auch sehr eng zusammenrücken. Im Spiel entsteht dann ein dichtes Gedränge und der Ball wird schnell weitergegeben.
- Bei einer geraden Anzahl von Mitspielern im Kreis und zwei Werfern in der Mitte kann der Ball auch immer an den übernächsten Spieler weitergeworfen werden.
- Verschiedene Zuspielformen werden vorgegeben.

Kommentar

Der während des Spiels ständig wechselnde Standort der Mitspieler erfordert von allen eine hohe Aufmerksamkeit und *permanente Neuorientierung*. Je sicherer der Ablauf beherrscht wird, desto schneller können die Aktionen erfolgen und die Spannung des Spiels dadurch gesteigert werden.

Ballsalat

Spielaufgabe

Fangen und Werfen in der Gruppe koordinieren

Mitspieler

Die gesamte Gruppe

Geräte / Materialien

Unterschiedliche Bälle und Wurfgegenstände

Spielbeschreibung

Um eine Reihenfolge festzulegen, stellen sich alle Mitspieler auf einer Kreislinie auf und heben eine Hand hoch. Der Ballweg beginnt beim Spielleiter, der mit im Kreis steht. Er wirft den Ball irgendeinem Mitspieler im Kreis zu, der einem zweiten, der wiederum einem dritten usw. Wer den Ball erhalten hat, zeigt dies an, indem er den Arm senkt. Zuletzt erhält der Spielleiter wieder den Ball. Wichtig ist, daß sich alle den Mitspieler, von dem sie den Ball erhalten haben und dem sie den Ball zuwerfen, merken, da der Ablauf bei den folgenden Formen bestehen bleibt. Nun wird der Ball mehrmals in derselben Reihenfolge wie zu Beginn, von Spieler zu Spieler geworfen.

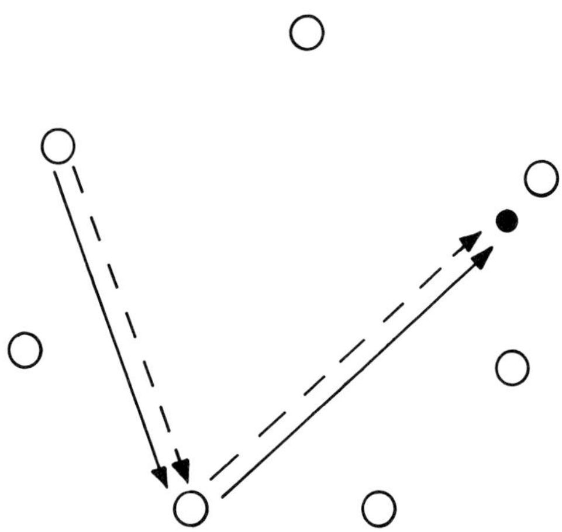

Variationen

- Es können verschiedene Aufgaben zusätzlich eingeführt werden: Eine bestimmte Wurfart wird vorgeschrieben, nach dem Abspiel läuft der Werfer eine Runde um den Kreis und ordnet sich an seinem alten Platz wieder ein, der Kreis wird vergrößert oder ganz eng gemacht usw.
- Nach und nach werden immer mehr unterschiedliche Bälle oder andere Objekte, z.B. Tennisbälle, Volleybälle, Gymnastikbälle, schlappe Bälle ohne Luft und verschiedene andere Gegenstände, hinzugenommen und direkt nacheinander zum nächsten Mitspieler in der Reihenfolge geworfen.
- Die Wurfrichtung wird geändert und die Bälle in der umgekehrten Reihenfolge vom letzten zum ersten geworfen.
- Jeder läuft hinter dem Ball, den er geworfen hat, her und stellt sich hinter den Fänger.
- Der Ball wird vom nächsten Mitspieler in der Reihenfolge abgeholt und nicht mehr zugeworfen. Sobald ein Mitspieler den Ball in den Händen hält, läuft der nächste in der Reihenfolge zu ihm hin und holt den Ball ab. Der Mitspieler, der den Ball in der Hand gehalten hat, ordnet sich an beliebiger Stelle wieder in den Kreis ein.
- Die Kreisaufstellung wird aufgelöst, die Spieler bewegen sich frei im Raum und die Bälle werden während des Gehens oder Trabens in der eingespielten Reihenfolge weitergegeben oder -geworfen. Dabei kann der Bewegungsraum auch begrenzt werden, so daß ein enges Gedränge entsteht.
- Der nächste Mitspieler darf sich etwas zieren, bevor er den Ball, den der andere ihm aufdrängt, annimmt. Der Ball kann auch abgeholt werden, und der Mitspieler, der den Ball in den Händen hält, versucht dabei, sich einige Zeit dem Zugriff zu entziehen.

- Der Ball wird nicht mehr weitergegeben, sondern beim Gehen plötzlich irgendwo abgelegt. Nun muß jeder seinen Vorgänger genau beobachten und darf ihn keinen Moment aus den Augen lassen.

Kommentar

Der Reiz dieses im Grunde recht einfachen Spiels liegt im *schnellen Wechsel* der Wurfobjekte, sowie in der ständigen Variation der vorgeschriebenen Bewegungs- und Wurfformen. Die Mitspieler lernen dabei, sich ständig umzuorientieren. Sie entwickeln variabel angepaßte Verhaltensformen und spielen verschiedene Möglichkeiten der Übergabe durch.

Ball-Squash

Spielaufgabe

Einen Ball indirekt zuspielen

Mitspieler

Paare

Geräte / Materialien

Ein Ball je Paar

Spielbeschreibung

Ein Mitspieler wirft einem anderen einen Ball indirekt über die Wand zu. Der fängt ihn auf und wirft ihn auf dieselbe Weise zurück.

Variationen

- Bei mangelnder Wurf- und Fangfähigkeit kann auch erlaubt werden, daß der Ball einmal auf dem Boden aufprellen darf, bevor man ihn fängt.
- Der Ball kann auch in einer Ecke so gegen die Wand geworfen werden, daß er von einer Wand an die andere und von dort zum Mitspieler springt.
- Nachdem der Werfer den Ball zugeworfen hat, klatscht der Fänger ein- oder mehrmals, vor oder hinter dem Körper, in die Hände, oder er klatscht seine Hände mit denen des Mitspielers zusammen.

Kommentar

Die Mitspieler lernen hier, die *Flugbahn des Balles* zu *antizipieren* und so genau zu werfen, daß der Mitspieler in der Lage ist, den Ball zu fangen. Der Wurf über die Wand läßt den Ball oft trotzdem auf unvorhersehbare Weise zurückprallen und verlangt deshalb von den Mitspielern schnelle Reaktionen.

Kissenvölkerball

Spielaufgabe

Ohne Verletzungsgefahr abwerfen

Mitspieler

Die gesamte Gruppe, aufgeteilt in zwei Mannschaften

Geräte / Materialien

Ein relativ kleines, rundes Kissen

Spielbeschreibung

Es gelten die bekannten Regeln des Völkerballspiels; allerdings wird an Stelle des Balles ein Kissen als Wurfobjekt benutzt.

Variationen

- **Völkerball verkehrt**
  Bei dieser Spielvariante steht zu Beginn nur jeweils ein Spieler einer Mannschaft im Feld. Jeder Spieler, der einen anderen abwirft, darf von außen ins Feld wechseln. Der abgeworfene Mitspieler bleibt ebenfalls im Feld. Wer hat zuerst alle Mitspieler im Feld?
- **Drei-Seiten-Völkerball**
  Beim Drei-Seiten-Völkerball werden auch die Seitenlinien mit Werfern besetzt.

Kommentar

Das Völkerballspiel ist aufgrund der Verletzungsgefahr durch hart geworfene Bälle und die Ängste, die dadurch geweckt werden können, in seiner Ursprungsform in Herzgruppen oder Alterssportgruppen kaum durchführbar. Verwendet man allerdings anstatt eines Balles ein Kissen, so können die Mitspieler sich *nicht verletzen,* und das Spiel erhält einen entspannteren Charakter.

Hütchenvölkerball

Spielaufgabe

Hütchen abwerfen

Mitspieler

Die gesamte Gruppe, aufgeteilt in zwei Mannschaften

Geräte / Materialien

Ein Hütchen je Mitspieler und ein Schaumstoffball

Spielbeschreibung

Wie beim Völkerballspiel ist es das Ziel, Gegenspieler aus dem Feld zu werfen. Bei dieser Form hat allerdings jeder Spieler als Stellvertreter ein eigenes Hütchen im Feld, das er mit Händen und Füßen schützen darf und das die Gegenmannschaft abzuwerfen versucht. Der Mitspieler, dessen Hütchen getroffen worden ist, verläßt mit seinem Hütchen das Spielfeld.

Kommentar

Ähnlich wie in der vorhergehenden Version soll bei dieser Form des Völkerballspiels durch die Hütchenstellvertreter verhindert werden, daß sich Mitspieler verletzen oder Ängste entstehen.

Ballvertreiben im Sitzen

Spielaufgabe

Einen Ball vertreiben

Mitspieler

Die gesamte Gruppe, aufgeteilt in zwei Mannschaften

Geräte / Materialien

Sechs Bänke und ein Ball je Mitspieler

Spielbeschreibung

Zwei Bankreihen werden in einem Abstand von fünf bis sechs Metern in Bogenform aufgestellt. Die Mitspieler teilen sich in zwei Mannschaften auf und setzen sich gleichmäßig verteilt auf die Bänke. Jeder Mitspieler erhält einen Ball. In der Mitte zwischen den Bänken liegt ein Ball, der durch Abwerfen auf die andere Seite gegen die Bank getrieben werden soll.

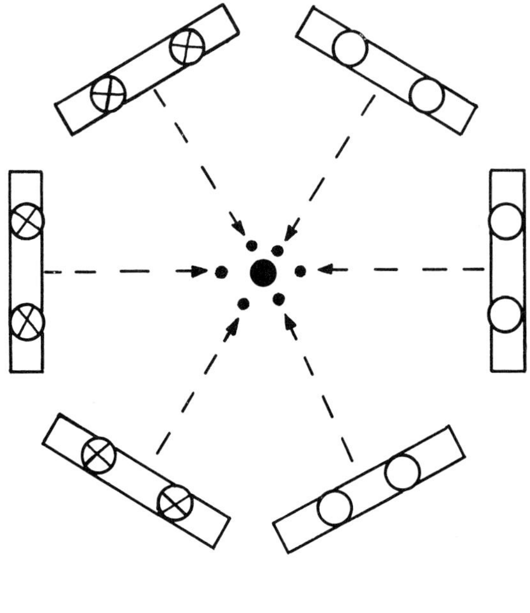

Variationen

- Es können auch zwei oder drei Bälle zum Vertreiben in die Mitte gelegt werden.
- Jede Mannschaft erhält nur eine begrenzte Anzahl von Bällen
- Der Ball kann auch durch zwei von Hütchen markierte Ziele getrieben werden. Dazu werden zwei Bankreihen in V-Form aufgestellt und vor dem geöffneten V durch Hütchen für jede Mannschaft ein Tor markiert. Nun versucht jede Mannschaft, den Ball durch ihr Tor zu treiben. Auf der offenen Seite des durch die Bänke gebildeten V stehen zwei bis drei Mitspieler aus jeder Mannschaft, die die geworfenen Bälle zu ihrer Mannschaft zurückrollen.

Kommentar

In der bekannten Form des Ballvertreibens entstehen durch das ständige Nachlaufen hinter den geworfenen Bällen meist hohe körperliche Belastungsspitzen. Diese Gefahr wird hier durch die Bänke, die die Bälle im Spielfeld zurückhalten, ausgeschaltet.

Überraschungsball

Spielaufgabe

Auf einen fliegenden Ball reagieren

Mitspieler

Die gesamte Gruppe, aufgeteilt in zwei Mannschaften

Geräte / Materialien

Ein Ball, große Tücher oder Weichbodenmatten

Spielbeschreibung

Die beiden Mannschaften verteilen sich auf die beiden Seiten des Volleyballfeldes. Durch große Tücher, die über das Volleyballnetz bzw. eine Leine gehängt werden, oder senkrecht gestellte und fixierte Weichbodenmatten, wird der Blick auf die andere Seite versperrt. Ein weicher Ball wird von einer Seite zur anderen geworfen und muß aufgefangen werden, bevor er zu Boden fällt.

Variationen

- Zur Erleichterung des Spiels kann eine Bodenberührung des Balles erlaubt werden.
- Innerhalb der Mannschaft sind maximal drei Zuspiele erlaubt.

Kommentar

Dieses Spiel erhält seine Spannung durch die *Sichtbehinderung* und der dadurch weitgehend ausgeschalteten Möglichkeit, den Flug des Balles vorauszusehen. Die Mitspieler sind dadurch gezwungen, eine Strategie abzusprechen, um ihr Feld abzudekken und ihre Aktionen zu koordinieren.

6. Spiele mit Stäben, Reifen und Seilen

Einleitung

Die Einbeziehung eines Kapitels mit besonderen Spielformen mit Stäben, Reifen und Seilen verfolgt verschiedene Ziele. Zum einen kann die Praxis durch die Verwendung einfacher Geräte, die in fast jeder Halle vorhanden sind, abwechslungsreicher und interessanter gestaltet werden. Vor allem aber sollen die Teilnehmer durch einen spielerisch variablen Umgang mit unterschiedlichen Geräten erfahren, daß ein und derselbe Gegenstand auf sehr vielfältige Weise verwendet und genutzt werden kann und der Umgang mit der dinglichen Umwelt variabel und gestaltbar ist.

In den Spielen werden die Geräte deshalb auch *nicht in ihrem ursprünglichen gymnastischen Sinn* verwendet, sondern als Objekte in möglichst unterschiedliche Spielzusammenhänge einbezogen. Das Spektrum reicht dabei von *Staffelformen, Wettkampfformen* und *kooperativen Spielen* bis hin zu *Geschicklichkeitsspielen* und *wahrnehmungsorientierten Spielformen.*

Stabwechsel

Spielaufgabe

Stäbe und Bälle austauschen

Mitspieler

Die gesamte Gruppe, aufgeteilt in zwei Halbgruppen

Geräte / Materialien

Stäbe und Bälle

Spielbeschreibung

Jeder Mitspieler erhält einen Stab. Die Mitspieler der einen Gruppe nehmen ihren Stab in die linke Hand, die der anderen in die rechte. Nun gehen alle frei durch den Raum und versuchen, die Stäbe mit einem Mitspieler auszutauschen. Allerdings müssen die Stäbe ohne Handwechsel in die freie Hand des Mitspielers gegeben werden, d.h. der Stab geht von der rechten in die linke Hand des Gegenübers und umgekehrt. Alle müssen sich also immer solche Mitspieler suchen, die aufgrund der jeweils freien Hand zu ihnen passen.

Variationen

- Alle Mitspieler bekommen einen Ball in die eine und einen Stab in die andere Hand, die sie mit dem Mitspieler austauschen sollen.
- Die eine Hälfte der Mitspieler erhält Stäbe, die andere Hälfte Bälle. Nun wird Stab gegen Stab und Ball gegen Ball getauscht. Eine andere Möglichkeit besteht darin, immer einen Stab gegen einen Ball tauschen zu lassen.

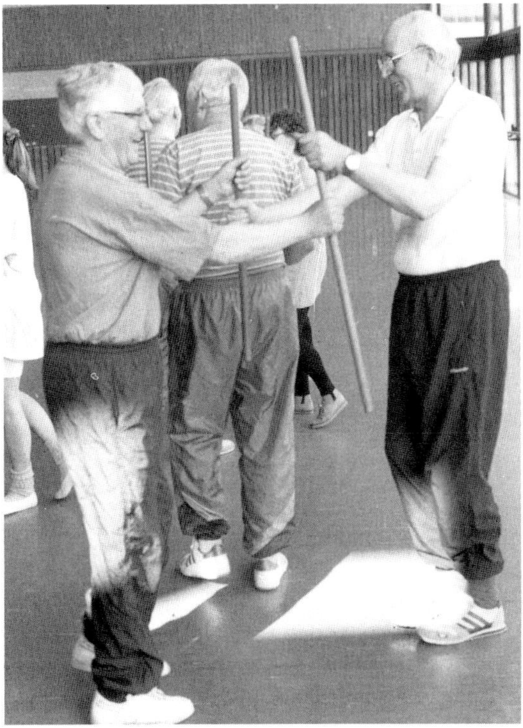

Kommentar

Dieses Spiel hat einen interaktiven Grundcharakter, da es wesentlich darauf ankommt, die Teilnehmer der Gruppe aufmerksam zu beobachten und *Interaktionsmöglichkeiten mit passenden Mitspielern* zu *suchen.*

Stab-Bank-Ball

Spielaufgabe

Mit Stäben Hockey spielen

Mitspieler

Die gesamte Gruppe, aufgeteilt in Vierer- bis Sechser-Mannschaften

Geräte / Materialien

Ein Stab je Mitspieler, eine Bank je Mannschaft, Kastenteile als Tore und ein Sandsäckchen

Spielbeschreibung

Je zwei Mannschaften mit vier bis sechs Mitspielern setzen sich mit den Gesichtern zueinander auf zwei, in drei Metern Abstand, parallel gestellte Bänke. Zwischen den Enden der Bänke wird jeweils ein Kastenteil als Tor aufgestellt. Jeder Mitspieler versucht, das Sandsäckchen mit dem Stab in das gegnerische Tor zu schieben. Während des Spiels müssen alle Mitspieler sitzen bleiben.

Variationen

- Als Spielball kann auch ein Lappen oder ein schlapper Ball benutzt werden.

Kommentar

Hockeyähnliche Spiele bergen aufgrund des Stockeinsatzes eine hohe Verletzungsgefahr. Dieses Problem wird hier durch das *Sitzen auf den Bänken mit genügend großem Abstand* weitgehend ausgeschaltet.

Sitzhockey

Spielaufgabe

Mit Stäben Hockey spielen

Mitspieler

Die gesamte Gruppe, aufgeteilt in eine gerade Anzahl von Zweier-oder Dreier-Mannschaften

Geräte / Materialien

Ein Schaumstoffball, ein Stab oder Plastikschläger je Mitspieler, Bänke, zwei Kastenoberteile als Tore und vier kleine Kästen je Spielfeld

Spielbeschreibung

Senkrecht gestellte Kastenoberteile werden als Tore in einem Abstand von ungefähr drei bis vier Metern gegenübergestellt. Die zwei Mitspieler, die zusammen eine Mannschaft bilden, sitzen auf kleinen Kästen, die neben den Kastenoberteilen stehen. Die Seiten werden durch umgelegte Bänke begrenzt, so daß der Ball nicht wegrollen kann. Nun versuchen beide Mannschaften, den Ball in das gegnerische Tor zu spielen. Während des Spiels müssen alle unbedingt sitzen bleiben.

Variationen

- Die Mannschaften können auch auf drei Mitspieler erhöht werden. Das Spielfeld wird dann durch zwei weitere Bänke als Seitenbegrenzungen verlängert und der dritte Mitspieler sitzt auf einem kleinen Kasten an der Mittellinie zwischen den beiden Bänken.
- Die Mitspieler können die Kästen, auf denen sie sitzen, auch strategisch günstig im Feld verteilen und so versuchen, sich den Ball zuzuspielen und ins Tor zu schießen.

Kommentar

Ähnlich wie im vorhergehenden Spiel wird die Verletzungsgefahr, die bei hockeyähnlichen Spielen immer besteht, durch das Sitzen auf Kastenoberteilen weitgehend ausgeschaltet. Da dieses Spiel einen hohen Geräteaufwand erfordert, sollte es bevorzugt dann gespielt werden, wenn *wenige Teilnehmer* anwesend sind.

Hipp - Hepp im Rhythmus

Spielaufgabe

Bewegungen rhythmisch koordinieren

Mitspieler

Die gesamte Gruppe

Geräte / Materialien

Ein Stab je Mitspieler

Spielbeschreibung

Alle Mitspieler erhalten einen Stab und stellen sich auf einer Kreislinie auf. Die Mitspieler klopfen mit ihren Stäben in einem Dreier-Takt auf den Boden. Wenn alle den gleichen Takt gefunden haben, gibt der Spielleiter beim dritten Klopfen die Anweisung "Hipp" für links oder "Hepp" für rechts. Nun wechseln alle in die angegebene Richtung in die Position des Mitspielers, übernehmen dessen Stab und klopfen, wenn möglich ohne Unterbrechung, weiter auf den Boden. Nach und nach wird der Takt beschleunigt.

Variationen

- Es kann vorgegeben werden, daß der Stab mit verschiedenen Händen gefaßt wird:
  - Bei "Hopp" wird der Stab des rechten Nachbarn mit der rechten Hand ergriffen,
  - bei "Hepp" der Stab des linken Nachbarn mit der linken Hand,
  - bei "Happ" der Stab des rechten Nachbarn mit der linken Hand,
  - bei "Hipp" der Stab des linken Nachbarn mit der rechten Hand.
- Ein Stab wird zum "Befehlsstab": der Mitspieler, der diesen Stab in der Hand hält, gibt die nächste Anweisung.

- Es kann auch erlaubt werden, "falsche", also nicht abgesprochene Befehle zu geben, die dann nicht befolgt werden.
- Alle stehen auf einer engen Kreislinie. Nach dem Dreier-Takt wechseln die Mitspieler nicht den Platz, sondern der Stab wird, je nach Anweisung, zur entsprechenden Seite hin fallengelassen. Die Mitspieler sollen den Stab im Fallen fassen, bevor er am Boden liegt, und ohne Unterbrechung weiterklopfen.
- Alle gehen im Raum durcheinander. Zwei beliebige Mitspieler gehen aufeinander zu, bleiben voreinander stehen, klopfen im Takt dreimal mit den Stäben und wechseln sie dann.
- Das Spiel kann auch mit Bällen gespielt werden. Dazu wird der Ball im Takt geprellt und auf Ansage so am Ort aufgeprellt, daß der Nachbar ihn beim Wechsel auffangen bzw. weiterprellen kann.
- Der Ball wird zum entsprechenden Mitspieler geprellt.

Kommentar

Spiele, bei denen die Mitspieler aus dem Stand schnell beschleunigen müssen, sind im Herzsport aufgrund der Verletzungsgefahr und des ungünstigen Einflusses auf das Herz-Kreislauf-System nur unter Vorgaben einsetzbar. Aus diesem Grund werden in dieser Version des bekannten Hipp-Hepp-Spieles die *Wechsel über einen gemeinsamen Takt* vorbereitet. Die Mitspieler können sich so besser auf die Stabwechsel einstellen und sich frühzeitig in Bewegung setzen.

Stabrollstaffel

Spielaufgabe

Einen Stab um Hindernisse rollen

Mitspieler

Die gesamte Gruppe, aufgeteilt in zwei Mannschaften

Geräte / Materialien

Sechs Stäbe und verschiedene Kleingeräte

Spielbeschreibung

Die beiden Mannschaften stellen sich in zwei Reihen hinter eine Linie. Die Mitspieler haben die Aufgabe, mit Hilfe von zwei Stäben einen am Boden liegenden Stab um verschiedene Hindernisse und zurück zu rollen. Wenn der am Boden gerollte Stab die Start- bzw. Ziellinie überschritten hat, werden die Stäbe an den nächsten Mitspieler übergeben. Das Rollen des Stabes mit Hilfe von zwei anderen Stäben sollte zuerst geübt werden.

Variationen

- Es können auch immer zwei Mitspieler mit je einem Stab den am Boden liegenden Stab um Hindernisse rollen.

Kommentar

In dieser Staffelform werden durch die besondere Spielweise des Stabes, die langsame und genaue Bewegungen erfordert, Belastungsspitzen verhindert. Diese Art der Handhabung eines Stabes stellt hohe Anforderungen an die *Koordination* und *Kooperation* zwischen den Mitspielern.

Reifenjagd

Spielaufgabe

Rollende Reifen abwerfen

Mitspieler

Die gesamte Gruppe, aufgeteilt in zwei Mannschaften

Geräte / Materialien

Ein Reifen je Mitspieler der einen Mannschaft, ein Ball je Mitspieler der anderen Mannschaft

Spielbeschreibung

Durch zwei parallele Bänke wird eine breite Gasse gebildet. Hinter diesen Bänken verteilt sich die Mannschaft mit den Bällen. Die andere Mannschaft stellt sich mit den Reifen an die beiden Enden der Bankgasse und versucht, die Reifen durch die Gasse auf die andere Seite zu rollen, ohne daß die Reifen von der anderen Mannschaft umgeworfen werden. Wieviele Durchgänge benötigt die Ball-Mannschaft, um alle Reifen abzuwerfen? Wenn alle Reifen umgeworfen worden sind, wechseln die Mannschaften.

Kommentar

Neben der motorischen Fertigkeit des Werfens steht in diesem Spiel wieder die geschickte *Strategie und Absprache innerhalb der Mannschaften* an zentraler Stelle. Es gilt vor allem, das Werfen der Reifen und der Bälle so zu koordinieren, daß das Abwerfen erschwert bzw. eine hohe Wurfquote erreicht wird.

Reifenführer

Spielaufgabe

An einen Mitspieler anpassen

Mitspieler

Paare

Geräte / Materialien

Ein Reifen je Paar

Spielbeschreibung

Immer zwei Mitspieler finden sich zusammen. Einer der beiden Mitspieler hält einen Reifen waagrecht vor sich. Der andere stellt sich als Führer in den Reifen. Nun bewegt sich der Führer im Reifen vorwärts, während der Mitspieler, der den Reifen in der Hand hält, ihm so folgen muß, daß der Führer den Reifen nicht berührt.

Variationen

- Auf diese Weise kann auch eine lange Kette gebildet werden. Der vorderste in der Kette führt so alle anderen Mitspieler.
- Der Mitspieler, der den Reifen hält, kann auch zum Führer werden. Nun muß der im Reifen gehende Mitspieler versuchen, den Bewegungen des Reifens zu folgen, ohne ihn zu berühren.
- Die Reifen können auch so gehalten werden, daß sie sich überschneiden und je ein Mitspieler innerhalb dieser Überschneidung steht. Jeder Mitspieler, außer dem ersten und dem letzten, steht so gleichzeitig in zwei Reifen. Der vorderste Mitspieler führt die ganze Kette.

Kommentar

In diesem kooperativen Spiel muß jeder genau auf den anderen achten. Es erfordert vor allem eine *genaue Beobachtung des führenden Mitspielers* und eine exakte Abstimmung der Bewegungen aufeinander ohne sprachliche Kommunikation.

Reifenboccia

Spielaufgabe

Bälle in ein markiertes Ziel spielen

Mitspieler

Die gesamte Gruppe, aufgeteilt in zwei Mannschaften

Geräte / Materialien

So viele Bälle in zwei verschiedenen Farben wie Mitspieler und ein oder mehrere Reifen

Spielbeschreibung

Ein Reifen wird im Abstand von vier bis fünf Metern vor eine Linie gelegt. Die beiden Mannschaften stellen sich hinter der Linie auf und versuchen abwechselnd, ihre Bälle in den Reifen zu rollen und die Bälle der gegnerischen Mannschaft aus dem Reifen zu befördern.

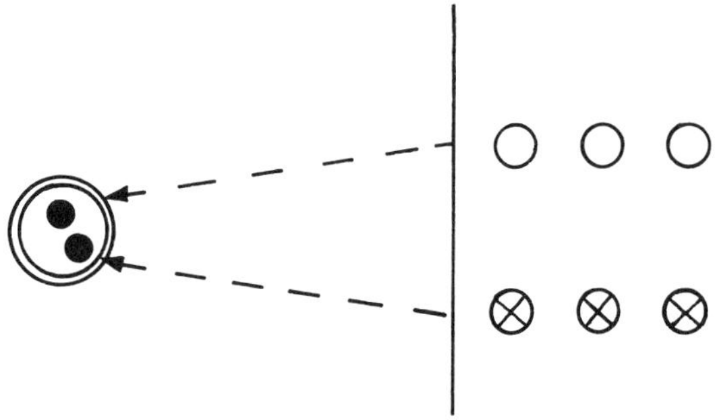

Variationen

- Die Mannschaften stellen sich hinter zwei gegenüberliegenden Linien auf, zwischen denen ein Reifen ein Ziel markiert. Aufgabe ist es wieder, abwechselnd möglichst viele Bälle der eigenen Mannschaft in den Reifen zu rollen und die Bälle der Gegenmannschaft aus dem Reifen hinauszubefördern.
- Das Ziel kann auch durch mehrere Reifen markiert werden. Dazu wird ein Reifen in die Mitte und mehrere andere Reifen um ihn herumgelegt. Den Reifen werden unterschiedliche Punktwerte zugeordnet, z.B. zählt ein Ball im mittleren Reifen zehn Punkte und ein Ball in einem der äußeren Reifen einen Punkt.
- Die Bälle können auch mit den Füßen in den Reifen gespielt werden.

Kommentar

Neben dem zielgenauen Rollen erfordert dieses Spiel vor allem *taktische Beratungen* und Absprachen innerhalb der Mannschaft, um die Aktionen der Mitspieler aufeinander abzustimmen.

Reifenwechsel

Spielaufgabe

Mitspieler durch reaktionsschnelles Werfen abfangen

Mitspieler

Die gesamte Gruppe

Geräte / Materialien

Ein Reifen je Mitspieler und ein Wurfsäckchen

Spielbeschreibung

Alle Mitspieler bis auf einen stehen auf einer Kreislinie in Reifen. Ein Mitspieler stellt sich mit einem Wurfsäckchen in die Mitte des Kreises. Nun sollen immer zwei Mitspieler aus dem Kreis Augenkontakt aufnehmen, sich verständigen und dann im selben Moment ihre Plätze zu wechseln versuchen. Der Spieler in der Mitte soll versuchen, sein Wurfsäckchen in einen der für kurze Zeit unbesetzten Reifen zu werfen. Gelingt ihm das, d.h. bleibt das geworfene Säckchen im Reifen liegen, dann wird er von dem Mitspieler, der keinen freien Reifen erreicht hat, abgelöst.

Variationen

- Alle Mitspieler werden durchnumeriert. Der Mitspieler in der Mitte ruft zwei Nummern auf und die entsprechenden Mitspieler müssen sofort ihre Plätze tauschen. Der Werfer hat dann eine größere Chance, das Wurfsäckchen erfolgreich in einen unbesetzten Ring zu werfen.

Kommentar

In diesem Spiel müssen sich die Mitspieler mit kaum sichtbaren Zeichen verständigen, um dem Werfer in der Mitte möglichst wenig Chancen zum erfolgreichen Wurf zu geben. Der Mitspieler in der Mitte muß eine *genaue Beobachtungsfähigkeit für die nicht-sprachliche Verständigung* entwickeln, um ihre Intentionen frühzeitig zu erkennen.

Reifen-Memory

Spielaufgabe

Sich verschiedene Reifen merken und sie wiederfinden

Mitspieler

Die gesamte Gruppe

Geräte / Materialien

Ein Reifen je Mitspieler

Spielbeschreibung

In der Halle werden ebenso viele Reifen ausgelegt, wie Mitspieler am Spiel teilnehmen. Alle bewegen sich durch die Halle und suchen sich auf Ansage des Spielleiters einen beliebigen Reifen. Für jeden Mitspieler ist dieser Reifen nun Reifen Nummer eins. Danach gehen alle weiter und suchen sich auf Ansage einen anderen Reifen, der nun für sie der Reifen Nummer zwei ist. Man kann diese Reifensuche noch einige Male wiederholen. Nun ruft der Spielleiter einzelne Reifennummern auf, die die Mitspieler wiederfinden sollen. Gelöst ist die Aufgabe natürlich nur dann, wenn alle Reifen besetzt sind, d.h. alle Mitspieler ihren Reifen wiedergefunden haben.

Variationen

- So können auch verschiedene Abfolgen durchgespielt werden: Nacheinander sollen alle Reifen mit gerader (zwei, vier, sechs usw.) oder ungerader (eins, drei, fünf usw.) Nummer gesucht werden oder alle Reifen von eins bis fünf oder umgekehrt von fünf bis eins.
- An Stelle der Reifen können auch verschiedene Kastenoberteile, Bänke, Matten, die Ecken der Halle usw. als mögliche Plätze genutzt werden.
- Immer zwei (oder mehr) Spieler mit derselben Augenfarbe, derselben Haarfarbe, derselben Hosenfarbe, derselben Trikotfarbe, derselben Körpergröße usw. finden sich in einem Reifen zusammen. Auf die Ansage "Augen", "Haare", "Hose", "Trikot", "Körpergröße" usw. müssen die Paare oder Gruppen ihre Reifen wieder besetzen.
- Durch Handfassung werden Paare oder kurze Schlangen gebildet, die sich nacheinander mehrere nebeneinander liegende Reifen suchen, in die sie sich stellen, ohne einander loszulassen. Danach sollen diese Reifenkombinationen wiedergefunden werden.
- Die Anzahl der Spieler, die sich in einem Reifen zusammenfinden sollen, wird vorgegeben. Natürlich ist es von Vorteil, wenn nur solche Zahlen gewählt werden, in die sich die ganze Gruppe aufteilen kann. Die Anzahl kann so lange erweitert werden, bis die Gruppen kaum noch in den Reifen Platz finden.

Kommentar

In diesem Spiel ist das Spielprinzip des bekannten Gesellschaftsspiels Memory in ein Bewegungsspiel übertragen worden. Wie dort gilt es, sich bestimmte Orte zu merken und wiederzufinden. Seinen Reiz gewinnt das Spiel durch die vielfältigen Variationen, mit denen die Aufgabe verbunden werden kann.

Reifentransport

Spielaufgabe

Einen Reifen weitergeben

Mitspieler

Die gesamte Gruppe

Geräte / Materialien

Zwei oder drei Reifen

Spielbeschreibung

Alle Mitspieler stehen auf einer Kreislinie und fassen sich an den Händen. An zwei oder drei Stellen im Kreis hängen Reifen über den Armen. Die Reifen sollen nun durch geschickte Körperbewegungen ohne Lösen der Hände weitertransportiert werden.

Variationen

- Dieses Spiel kann auch als Wettspiel durchgeführt werden. Dazu werden zwei Reifen an gegenüberliegenden Stellen im Kreis über die Arme gehängt. Nun soll ein Reifen den anderen einholen.
- Bei einer größeren Anzahl von Mitspielern können auch zwei Kreise gebildet werden. Welche Mannschaft kann den Reifen schneller einmal um den ganzen Kreis transportieren?

Kommentar

Dieses Spiel fördert vor allem die geschickte *Koordinationsfähigkeit* und die sensible Abstimmung der Bewegungen der einzelnen Mitspieler. Dazu gehört, daß man die Aktionen der anderen achtet und sie durch das eigene Verhalten unterstützt.

Chinesisches Reifendrehen

Spielaufgabe

Reifen gemeinsam in Bewegung halten

Mitspieler

Die gesamte Gruppe

Geräte / Materialien

Ein Reifen je Mitspieler

Spielbeschreibung

Die Idee dieses Spiels basiert auf einem chinesischen Zirkuskunststück, bei dem immer mehr Teller gleichzeitig zum Kreisen gebracht werden. Mehrere in der Halle verteilte Reifen sollen in Drehung versetzt werden. Dazu gehen die Mitspieler durcheinander durch den Raum und halten alle Reifen ohne Unterbrechung in Bewegung.

Variationen

- Nach und nach können immer mehr Reifen hinzugefügt werden.

Kommentar

Alle Mitspieler müssen mit hoher Aufmerksamkeit das ganze Spielfeld im Blick halten, um an entsprechender Stelle einzugreifen und die *gemeinsame Lösung der Aufgabe* sicherzustellen.

Reifen aufräumen

Spielaufgabe

Viele Reifen zusammen rollen

Mitspieler

Die gesamte Gruppe

Geräte / Materialien

Ein Reifen je Mitspieler

Spielbeschreibung

Alle Mitspieler nehmen ihren Reifen und stellen sich auf eine große Kreislinie. Nun rollt der erste Mitspieler seinen Reifen quer durch den Kreis zu einem gegenüber Stehenden, so daß dieser ihn im Rollen greifen kann. Der Fänger stellt seinen Reifen sehr sorgfältig mit dem aufgefangenen Reifen zusammen und rollt beide möglichst parallel durch den Kreis weiter zu einem anderen Mitspieler. Nach und nach werden so alle Reifen eingesammelt, bis sie zuletzt alle zusammen zum Spielleiter gerollt werden. Ist die Gruppe zu groß, dann können auch zwei oder drei Kreise gebildet werden.

Kommentar

Durch dieses Spiel kann das *Aufräumen*, dem sonst keine besondere Beachtung geschenkt wird, in eine interessante, koordinativ anspruchsvolle Aufgabe umgewandelt werden.

Seilmannschaft

Spielaufgabe

Gemeinsam mit einem Mitspieler fortbewegen

Mitspieler

Paare

Geräte / Materialien

Ein Seil je Paar

Spielbeschreibung

Die beiden Mitspieler fassen die beiden Enden eines Seiles, halten es gespannt und bewegen sich so frei durch den Raum, ohne mit anderen zusammenzustoßen oder das eigenen Seil mit anderen Seilen zu verheddern.

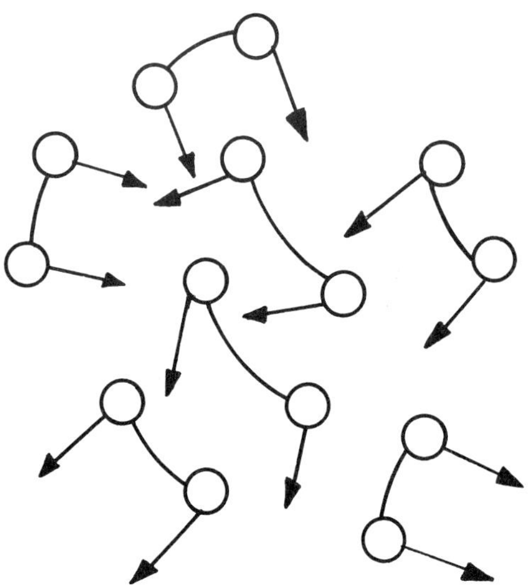

Variationen

- Der Raum wird weiter verengt und die Aufgabe dadurch erschwert.
- Die Paare können hintereinander gehen. Es kann aber auch vorgeschrieben werden, daß sie, das gespannte Seil zwischen sich haltend, nebeneinander gehen.
- Die Paare bewegen sich so durcheinander, daß die Seile sich kreuzen und nach und nach ein dichtes Gewirr entsteht. Das kompliziert verschlungene Seilkreuz soll nun wieder aufgelöst werden.

Kommentar

Bei diesem Spiel müssen die Paare, durch das Seil in einem bestimmten Abstand gehalten, ihre *Bewegungen* so genau *koordinieren*, daß das Seil immer gespannt bleibt. Zum anderen müssen sie auch darauf achten, daß sie mit dem Seil niemanden berühren. Sie müssen gleichzeitig aufeinander achten, ihre gegenseitigen Bewegungen abstimmen, gemäß der Aufgabe freie Bewegungsräume suchen und sich vorausschauend bewegen.

Laufende Quadrate

Spielaufgabe

Durch Seile miteinander verbunden fortbewegen

Mitspieler

Die gesamte Gruppe, aufgeteilt in Vierergruppen

Geräte / Materialien

Ein Seil je Mitspieler

Spielbeschreibung

Die Spieler einer Vierergruppe halten in beiden Händen jeweils das Ende eines Seils, so daß sie zusammen ein "Quadrat" bilden. Die Seile sollen ständig gespannt sein. Die Vierergruppe bewältigt gemeinsam Bewegungsaufgaben, ohne daß die Seile den Boden berühren oder an Hindernissen hängenbleiben.
Unter anderem können folgende Bewegungsaufgaben gestellt werden:
- Die "Quadrate" treiben mehrere Bälle mit den Füßen von einer Seite der Halle zur anderen.
- Die "Quadrate" bewegen sich im Raum über Hindernisse, auf Bänken, Matten usw., ohne einander zu stören oder zu berühren.
- Die "Quadrate" gehen durcheinander und überschneiden sich dabei, ohne aber aneinander hängenzubleiben.
- Die "Quadrate" bewegen sich durch einen Parcours mit verschiedenen Engpässen. Dabei müssen sie sich öfters rautenförmig verformen.

Variationen

- Die Bewegungsaufgaben können zunächst auch von zwei hintereinander gehenden Mitspielern angegangen werden, die jeweils in der linken und rechten Hand ein Seil halten und so ein Rechteck bilden.
- Die "Quadrate" gehen durcheinander und überschneiden sich so, daß Achtecke, Zwölfecke, Sechzehnecke usw. gebildet werden.
- Statt "Quadraten" können mit Hilfe der Seile auch "Fünfecke" oder sogar "Sechsecke" gebildet werden, die die beschriebenen Bewegungsaufgaben bewältigen.

Kommentar

Ähnlich wie im vorhergehenden Spiel müssen hier die *Bewegungen* der Mitspieler genau *aufeinander abgestimmt* werden. Allerdings wird diese Aufgabe durch die größere Anzahl der beteiligten Mitspieler beträchtlich erschwert.

Seilring

Spielaufgabe

Einen Gegenstand weiterbewegen

Mitspieler

Die gesamte Gruppe

Geräte / Materialien

Ein langes Seil und ein oder mehrere Wurfringe

Spielbeschreibung

Alle Mitspieler stellen sich auf eine Kreislinie und fassen mit beiden Händen ein langes, zu einem Ring geschlossenes Seil, auf den ein Wurfring aufgefädelt ist. Der Wurfring soll nun von einem zum anderen Mitspieler schnell über das Seil weitergeschoben werden.

Variationen

- Die Aufgabe kann dadurch intensiviert werden, daß mehrere Wurfringe weiterbewegt werden sollen.
- Der Spielleiter dirigiert die Richtung des Wurfrings durch Anweisungen nach links oder rechts.
- Zwei lange, zu zwei Ringen geschlossene Seile werden von zwei Mannschaften in einem Kreis gehalten. Dazu fassen die Mitspieler im Kreis jeweils abwechselnd das eine oder das andere Seil. Nun werden die Wurfringe auf den beiden Seilen weitergeschoben. Dabei versuchen die Mannschaften, den Wurfring der jeweils anderen einzuholen.
- Der Wurfring darf zur Fortbewegung auf dem Seil nicht mehr berührt werden, sondern das Seil muß von jedem Mitspieler so hoch und tief geführt werden, daß der Wurfring weiterrutscht.

Kommentar

In diesem Spiel wird vor allem die geschickte *Handkoordination* und die Geschwindigkeit der Bewegungsausführung gefördert. Gleichzeitig müssen die Aktionen zeitlich exakt mit den benachbarten Mitspielern abgestimmt werden.

Schwingendes Tau

Spielaufgabe

Sich an Schwungbewegungen eines Seils anpassen

Mitspieler

Die gesamte Gruppe

Geräte / Materialien

Ein oder mehrere Schwungseile

Spielbeschreibung

Zwei Mitspieler pendeln ein langes Seil leicht hin und her, die anderen sollen das Seil überqueren. Wenn die Teilnehmer einigermaßen geübt sind, wird das Seil im Kreis geschwungen und die Teilnehmer sollen im richtigen Moment unter dem Seil durchlaufen.

Variationen

- Alle Teilnehmer laufen direkt nacheinander unter dem schwingenden Seil durch.
- Zwei oder drei Seile werden hintereinander gependelt und sollen von den Mitspielern überquert werden.

Kommentar

Dieses Spiel erfordert eine recht gut entwickelte *Antizipation sich schnell bewegender Objekte* und die exakte Anpassung der eigenen Bewegungen an diese Objekte. Man sollte das Seil zu Beginn nur mit geringem Ausschlag pendeln lassen und das Spiel bei mangelnder Koordinationsfähigkeit abbrechen, da die *Sturzgefahr* hier recht groß ist.

Glasplattentransport

Spielaufgabe

Bewegungen aufeinander abstimmen

Mitspieler

Die gesamte Gruppe

Geräte / Materialien

Ein langes Seil

Spielbeschreibung

Die Mitspieler stellen sich auf einer Kreislinie auf und halten ein zu einem Ring geschlossenes, langes Seil gespannt in den Händen. Das Seil stellt die Außenkante einer großen "Glasplatte" dar, die von allen gemeinsam transportiert werden muß. Gelingt es gemeinsam, die "Glasplatte" ständig geradezuhalten, sie über verschiedene Hindernisse zu transportieren, sie hochzustellen usw.?

Variationen

- Alle Mitspieler halten das gespannte Seil mit waagrecht gestreckten Armen vor sich. Nun legen sich alle gleichzeitig vorsichtig nach hinten und beugen gemeinsam etwas ihre Knie. Die Gruppe soll sich so für eine kurze Zeit im Gleichgewicht halten.

Kommentar

Dieses Spiel erfordert eine ausgeprägte Beobachtungsfähigkeit für die Bewegungen aller anderen sowie eine exakte, *langsame Führung und Abstimmung der eigenen Bewegungen*. Alle müssen sich hier aufeinander einstellen, sich durch ständige sprachliche Kommunikation über die weitere Fortbewegung verständigen und gemeinsam darauf achten, daß das Seil gespannt gehalten wird.

Spinnennetz

Spielaufgabe

Behutsam über Hindernisse balancieren

Mitspieler

Die gesamte Gruppe

Geräte / Materialien

Zauberschnüre, Keulen und Hütchen

Spielbeschreibung

Im Raum werden in Wadenhöhe Zauberschnüre über Sprossenwände, Kastengriffe usw. zu einem dichten Netz gespannt. Dazwischen werden Keulen und Hütchen aufgestellt. Die Mitspieler sollen durch das Netz steigen und dabei keinen der Gegenstände bzw. der Schnüre berühren oder umwerfen.

Kommentar

Dieses Spiel verlangt sowohl eine langsame, präzise und ständig *kontrollierte Bewegungsführung,* als auch ein gutes Balanciervermögen. Je enger die Hindernisse und Schnüre plaziert sind, desto größer werden die Anforderungen.

Seilflechten

Spielaufgabe

Bewegungen gemeinsam abstimmen

Mitspieler

Die gesamte Gruppe, aufgeteilt in Vierergruppen

Geräte / Materialien

Drei Seile je Vierergruppe

Spielbeschreibung

Ein Mitspieler einer Vierergruppe hält die Enden von drei Seilen in der Hand. Die drei anderen fassen je ein freies Seilende und versuchen, durch koordinierte Arm- und Gehbewegungen einen festen Zopf zu flechten. Anschließend wird der Zopf wieder entflochten.

Variationen

- Dieses Spiel kann auch in einer Wettkampfform durchgeführt werden. Dazu hält ein Mitspieler drei Seile in jeder Hand und zwei Dreiergruppen müssen versuchen, so schnell wie möglich einen Zopf zu flechten.

Kommentar

In diesem Spiel ist wieder die genaue Absprache und *Abstimmung der Bewegungen* erforderlich. Es sollte darauf geachtet werden, daß die Seile zu einem engen Zopf geflochten und nicht nur lose verknüpft werden.

Figuren-Legen

Spielaufgabe

Eine Figur taktil wahrnehmen und nachlegen

Mitspieler

Paare

Geräte / Materialien

Ein Seil je Paar

Spielbeschreibung

Einer der beiden Mitspieler dreht sich um, während der zweite mit dem Seil am Boden eine bestimmte Figur legt. Der erste soll diese Figur nun mit geschlossenen Augen mit den Fingern ertasten. Wenn er sie gut zu kennen glaubt, zerstört der andere die Figur und der erste soll sie mit geöffneten Augen wiederherstellen.

Kommentar

In diesem Spiel soll die *taktile Wahrnehmungsfähigkeit* angeregt werden. Zu Beginn sollte darauf geachtet werden, daß die vorgelegten Figuren keine zu schwierige Form haben.

Seilakrobatik

Spielaufgabe

Schnell reagieren

Mitspieler

Die gesamte Gruppe

Geräte / Materialien

Ein langes Seil

Spielbeschreibung

Ein langes Seil wird zu einem Ring verknotet. Alle Mitspieler stellen sich auf eine Kreislinie und fassen das Seil mit beiden Händen. Nun gibt der Spielleiter verschiedene Anweisungen. Sagt er "rechts", so lassen alle mit der rechten Hand das Seil los und greifen es dann wieder. Sagt er "links", läßt die linke Hand los. Bei "Kreuz links" greift die linke Hand über der rechten das Seil, bei "Kreuz rechts" die rechte über der linken. Sagt er "beide Hände", so lassen alle das Seil los. Nun hält nur noch der Mitspieler, der nicht aufgepaßt hat, das Seil in den Händen. Nach und nach wird die Geschwindigkeit der Anweisungen gesteigert.

Variationen

- Das Seil kann auch im Uhrzeigersinn oder gegen den Uhrzeigersinn weitergedreht werden, indem alle im selben Takt Hand über Hand greifen und nachfassen.

Kommentar

Dieses Spiel, das eine schnelle *Reaktionsfähigkeit* erfordert, wird mit zunehmender Geschwindigkeit immer spannender. Der Spielleiter sollte allerdings darauf achten, daß einzelne nicht überfordert und durch Fehler öfters vor der Gruppe bloßgestellt werden. Die Mitspieler machen hier Fehler, die von der ganzen Gruppe deutlich wahrgenommen werden können. Die Spielform sollte durch die Schaffung einer spielerischen Atmosphäre so angelegt werden, daß sie diese *Erfahrung des Versagens* abmildert. Hier kann auch ein Ausgangspunkt für Gespräche mit ähnlichen Alltagserfahrungen liegen.

Seilgasse

Spielaufgabe

Bewegungen von Mitspielern durch Hinweise leiten

Mitspieler

Paare

Geräte / Materialien

Mehrere Seile

Spielbeschreibung

Mit Seilen wird eine "Straße" mit Kurven, Geraden und Kreuzungen auf dem Boden markiert. Nun soll einer der beiden Mitspieler mit geschlossenen Augen durch die "Straße" gehen. Der andere versucht, ihn durch Hinweise zu leiten.

Variationen

- Der Mitspieler, der mit geschlossenen Augen durch die "Straße" finden soll, darf Rückfragen an den anderen stellen.

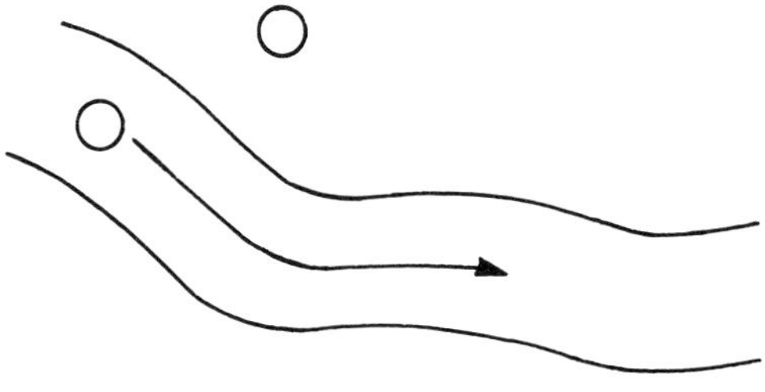

Kommentar

In diesem Spiel sollen *Bewegungen* präzise *über sprachliche Anweisungen gesteuert* bzw. mündliche Hinweise genau befolgt werden. Meist erfordert es eine längere Zeit der Abstimmung und Absprache zwischen den Mitspielern, um eine gemeinsame Hinweissprache zu finden und die Aufgabe zu bewältigen.

Seilgespinst

Spielaufgabe

Ein Seilgewirr gemeinsam entflechten

Mitspieler

Die gesamte Gruppe

Geräte / Materialien

Ein Seil je Mitspieler

Spielbeschreibung

In der Mitte des Raumes wird ein Gewirr von Seilen ausgelegt. Jeder der Mitspieler greift mit jeder Hand irgendein Ende eines Seils. Nun werden die Seile gespannt und das dadurch entstandene Gespinst soll durch Übersteigen, Darüberheben usw. entwirrt werden, so daß am Ende alle durch Seile verbunden in einem Kreis stehen.

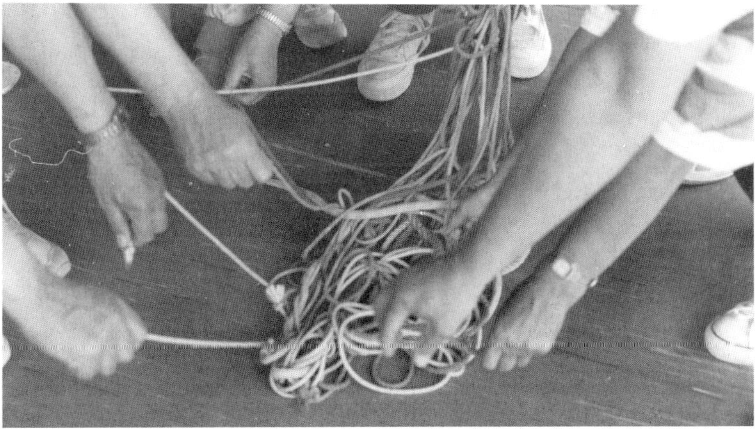

Kommentar

Ähnlich wie beim Spiel "Seilgewirr" soll hier ein durch Seile gebildeter Knoten gemeinsam aufgelöst werden, ohne daß die Mitspieler dabei in einen engen Körperkontakt kommen.

Seilgewirr

Spielaufgabe

Ein Seilgewirr entflechten

Mitspieler

Die gesamte Gruppe

Geräte / Materialien

Ein Seil je Mitspieler

Spielbeschreibung

Alle Mitspieler erhalten ein Seil, nehmen es in eine Hand, gehen auf engem Raum durcheinander und ziehen das Seil dabei hinter sich her. Auf Ansage des Spielleiters ergreift jeder Mitspieler eines der am Boden liegenden Seilenden, so daß nun alle zwei Seilenden in den Händen halten. Die Mitspieler sollen jetzt gemeinsam das entstandene Seilgewirr entflechten und einen durchgehenden Kreis bilden, ohne dabei natürlich die Seile loszulassen.

Kommentar

Es gibt verschiedene kooperative Spielformen, in denen die Aufgabe gestellt wird, Knoten gemeinsam aufzulösen. Oft ist dazu ein *enger Körperkontakt* notwendig und manche Mitspieler stehen solchen Spielen deshalb ablehnend gegenüber. Hier soll durch die Seile ein größerer Abstand zwischen den Mitspielern geschaffen und so das Unbehagen, das oft mit Körperberührungen verbunden ist, zunächst vermieden werden. Wenn die Mitspieler derartige Spiele kennengelernt haben, ist es viel leichter, auch Formen aufzugreifen, bei denen ein engerer Körperkontakt zustande kommt.

7. Spiele mit dem Gleichgewicht

Einleitung

Ältere Patienten haben in Umweltsituationen, die besondere Anforderungen an das Gleichgewicht stellen, oft Probleme. Ein wichtiger Grund liegt wohl darin, daß es im Alltagsleben kaum noch Gelegenheiten gibt, in denen die Balancierfähigkeit herausgefordert wird. Deshalb werden hier in einem speziellen Kapitel einige Spielformen aufgeführt, in denen das *Balancieren auf schmalen, wackligen Untergründen, das Balancieren von Gegenständen und das Balance-Halten mit einem Mitspieler* im Mittelpunkt stehen. Dabei geht es aber nicht nur um die Schulung einzelner Aspekte der Bewegungskoordination, sondern auch um elementare Bewegungserfahrungen, die im Alltag kaum noch möglich sind. Für viele stellen sie eine persönliche Herausforderung dar und sind mit außergewöhnlichen Erlebnisqualitäten verbunden.

Balanciergarten

Spielaufgabe

Unterschiedliche Balanciergelegenheiten erproben

Mitspieler

Die gesamte Gruppe

Geräte / Materialien

Matten, Bänke, Kastenoberteile usw.

Spielbeschreibung

Mit umgedrehten Bänken, umgedrehten Kastendeckeln, Hütchen auf Bänken, in Klettergerüsten eingehängten Bänken usw. werden Balanciergelegenheiten gebaut, die die Mitspieler ohne Vorgaben bewältigen sollen. Oft ist es sinnvoll, ängstliche Teilnehmer mit der Hand zu sichern und leicht abzustützen.

Variationen

- Schwieriger wird die Aufgabe, wenn man einen Gegenstand trägt, der womöglich selbst noch auf einer Hand balanciert werden soll.
- Die Balanciergelegenheiten können auch rückwärts überquert werden.
- Wenn die Teilnehmer etwas Sicherheit im Umgang mit einfacheren Balanciergelegenheiten gewonnen haben, kann man labilere Wippen aufbauen, indem man umgedrehte Bänke über Kastendeckel, kleine Kästen, Sprungbretter usw. legt. Die Enden der Bänke werden zur Abfederung und Sicherheit mit Matten unterlegt.

Kommentar

In einem Balanciergarten soll jedem die Möglichkeit gegeben werden, sich nach eigenen Fähigkeiten und Neigungen mit dem Thema auseinanderzusetzen bzw. *Balanciergelegenheiten selbst auszusuchen*, um sie zu erproben. Derartige Umweltarrangements können hin und wieder aufgegriffen und dabei immer schwieriger gestaltet werden.

Balltransport

Spielaufgabe

Gemeinsam einen Gegenstand transportieren

Mitspieler

Paare

Geräte / Materialien

Große Bälle und Bänke

Spielbeschreibung

Zwei Mitspieler stehen sich mit Handfassung gegenüber. Ein Gegenstand, z.B. ein Ball, ein Stab, ein Luftballon, wird auf die Arme gelegt. Die Mitspieler sollen ihn nun so durch den Raum transportieren, daß er nicht zu Boden fällt. Man kann auf diese Weise auch Bänke übersteigen, oder das Paar bewegt sich seitwärts auf zwei parallel gestellten Bänken.

Variationen

- Ein Ball wird auf den Armen bis zu einem umgedrehten Kasten transportiert und dort durch Öffnen der Arme in den Kasten fallen gelassen.
- Die Paare stellen sich mit Handfassung nebeneinander in einer Gasse auf. Nun wird ein Ball über die ausgestreckten Arme von einem Paar zum anderen bis ans Ende der Gasse und zurück gerollt oder in einen umgedrehten kleinen Kasten fallen gelassen.

Kommentar

In diesem Spiel kommt es vor allem darauf an, die *Bewegungen zur Balance* eines Gegenstandes *sensibel aufeinander abzustimmen* und selbst dabei im Gleichgewicht zu bleiben. Diese Aufgabe stellt besondere Anforderungen an die Feinkoordination.

Gemeinsam im Gleichgewicht

Spielaufgabe

Gemeinsam ein Gleichgewicht finden

Mitspieler

Paare

Geräte / Materialien

Seile

Spielbeschreibung

Alle Mitspieler stellen sich mit dem Gesicht zur Mitte auf eine Kreislinie. Jeder zweite legt seine Arme dem nächsten Mitspieler um die Hüfte und faßt hinter dessen Rücken die Hand des übernächsten. Nun können die so durch Handfassung hinter dem Rücken gesicherten Mitspieler sich langsam und vorsichtig nach hinten legen. Die Haltenden müssen zum Ausgleich ihr Gewicht etwas nach vorn verlagern.

Variationen

- Jeder Mitspieler faßt hinter dem Rücken des benachbarten Mitspielers die Hände des übernächsten. So sichern sich alle gegenseitig und können sich gleichzeitig zurücklehnen.
- Alle stellen sich in einen weiten Kreis, so daß die Hände des nächsten Mitspielers mit gestreckten Armen gefaßt werden können. Nun legen sich alle vorsichtig nach hinten.
- **Jurtekreis**
  Aus derselben Stellung können die Mitspieler ihr Gewicht gleichzeitig nach vorn und nach hinten verlagern, d.h. jeder zweite Mitspieler lehnt sich nach vorne, die anderen nach hinten.

Kommentar

In diesen Spielformen geht es immer darum, die Bewegungen so genau aufeinander abzustimmen, daß ein labiles Gleichgewicht entsteht. Je weiter man sich nach hinten legt, desto mehr muß man sich dem Gegengewicht des Mitspielers anvertrauen. Einige Formen werden für einzelne, ängstlichere und ungeübtere Mitspieler zu Beginn schwer auszuführen sein. Man kann versuchen, derartige Ängste aufzufangen, indem man diese Gleichgewichtsspiele auf einer Matte ausführen läßt.

Flußüberquerung

Spielaufgabe

Auf schmalen Flächen balancieren

Mitspieler

Die gesamte Gruppe

Geräte / Materialien

Zeitungen oder Bierdeckel

Spielbeschreibung

Kleingefaltete Zeitungen oder Bierdeckel werden in relativ kleinem Abstand in der Halle verteilt. Sie stellen "Steine" in einem "Fluß" dar, dessen "Ufer" von zwei Seilen oder Bänken markiert werden. Nun müssen alle Mitspieler versuchen, trockenen Fußes von einem "Ufer" zum anderen zu gelangen.

Variationen

- Die Mitspieler verteilen sich auf beide "Ufer" und versuchen nun, von beiden Seiten aus gleichzeitig das andere "Ufer" zu erreichen.
- Die Anzahl der "Steine" kann immer mehr verringert werden, so daß die Mitspieler ihren Weg miteinander abstimmen müssen.
- Zwei Mitspieler haben gemeinsam immer nur zwei "Steine" (Zeitungsblätter) zur Verfügung und müssen nun durch ständiges Umlegen der "Steine" zum anderen "Ufer" gelangen.

Kommentar

In diesem Spiel werden über die Anlehnung an eine spezifische Umweltsituation *vielfältige Balanciergelegenheiten* geschaffen. Neben der Entwicklung der Balancierfähigkeit müssen die Mitspieler insbesondere ihre Bewegungen aufeinander abstimmen.

8. Spiele, ohne zu sehen

Einleitung

Die Spiele in diesem Kapitel haben meist den Charakter von Kim-Spielen. Bei dieser Spielform muß man Gegenstände oder Geräusche mit allen Sinnen, mit Hilfe der Augen, der Ohren, der Nase, der Hände oder des Körpers sehen, hören, riechen, ertasten, fühlen und erkennen bzw. sich eine Anzahl von Gegenständen merken. Leitend ist dabei die Grundidee, den ansonsten dominierenden Augensinn öfter auszuschalten, so daß die Mitspieler sich vollständig anders orientieren und sich bei Bewegungsaufgaben durch den Tast- oder Hörsinn leiten lassen sollen. Bei der Lösung der Spielaufgaben werden so ganz andere Sinne aktiviert und andere Verständigungsformen entwickelt. Es geht in allen Spielen immer wieder darum, feine Unterschiede über Tasten und Hören wahrzunehmen und entsprechend darauf zu reagieren. Zu Beginn muß die Möglichkeit zur intensiven Auseinandersetzung mit dem Wahrnehmen ohne Zeitdruck eröffnet werden. Spiele mit Wettkampfcharakter sollten erst dann eingeführt werden, wenn die Wahrnehmungsfähigkeit gut entwickelt ist.

Die Orientierung im Raum mit geschlossenen Augen birgt natürlich einige Verletzungsgefahren. Diese können weitgehend unterbunden werden, wenn man die Teilnehmer auf die Gefahren hinweist und ihnen vorgibt, sich langsam und tastend zu bewegen. Außerdem ist es sinnvoll, wenn sie beim Gehen die Hände mit angewinkelten Armen zum Schutz nach vorne halten.

Jäger und Hase

Spielaufgabe

Mit geschlossenen Augen einen Mitspieler fangen

Mitspieler

Die gesamte Gruppe

Geräte / Materialien

Glocke oder andere Gegenstände, die Geräusche machen

Spielbeschreibung

Alle Mitspieler stehen auf einer Kreislinie und begrenzen dadurch das Spielfeld. Im Kreis versucht ein "Jäger" mit geschlossenen Augen mehrere "Hasen" zu jagen, die jeweils eine kleine Glocke oder einen anderen Gegenstand um den Hals tragen, den sie natürlich nicht festhalten dürfen. Die Mitspieler des Kreises warnen den Jäger, wenn er den Spielfeldgrenzen, also der Kreislinie, zu nahe kommt.

Variationen

- Die Mitspieler dürfen den "Jäger" unterstützen, indem sie ihm Tips geben, wo die Hasen sich gerade befinden.

Kommentar

Dieses Spiel setzt eine gut entwickelte *Orientierungsfähigkeit im Raum* voraus. Es sollte von Anfang an darauf geachtet werden, daß die Jäger sich nicht zu stürmisch bewegen und sich und andere dadurch gefährden.

Arche Noah

Spielaufgabe

Einen Mitspieler durch Laute finden

Mitspieler

Die gesamte Gruppe

Geräte / Materialien

Mehrere Zettel mit Tiernamen

Spielbeschreibung

Alle Mitspieler erhalten Zettel mit Tiernamen. Es existieren immer zwei Zettel mit dem gleichen Tiernamen. Die Tiere sollten sich durch möglichst typische Stimmlaute auszeichnen, wie z.B. Schwein, Affe, Ziege, Elefant, Hund, Katze oder Kuh. Nun gehen alle Mitspieler durcheinander, schließen auf Ansage des Spielleiters die Augen und versuchen, ihren Tierpartner zu finden, indem sie die entsprechenden Laute nachahmen.

Variationen

- Zur Vereinfachung kann auch zuerst ein Durchgang mit geöffneten Augen gespielt werden.

Kommentar

Neben der Orientierung im Raum mit geschlossenen Augen wird hier besonders die Fähigkeit geschult, unterschiedliche *Laute* zu *unterscheiden* und die Richtung wahrzunehmen, aus der ein bestimmtes Geräusch kommt.

Händeraten

Spielaufgabe

Hände wiedererkennen

Mitspieler

Die gesamte Gruppe, aufgeteilt in zwei Halbgruppen

Geräte / Materialien

Keine

Spielbeschreibung

Die eine Gruppe schließt die Augen und verteilt sich im Raum. Nun sucht sich jeder aus der anderen Gruppe einen Mitspieler mit geschlossenen Augen aus, geht zu ihm und läßt von ihm seine Hände ertasten. Nach einiger Zeit verteilen sich die, deren Hände erkundet worden sind, im Raum. Die anderen versuchen nun mit geöffneten Augen den Mitspieler wiederzufinden, dessen Hände sie ertastet haben.

Variationen

- Alle gehen durcheinander, finden zu zweit zusammen und versuchen, sich typische Merkmale des anderen, die ertastet werden können, zu merken. Dann gehen sie wieder auseinander. Auf Ansage des Spielleiters schließen alle die Augen und versuchen, ohne zu sprechen, ihren Partner wiederzufinden.

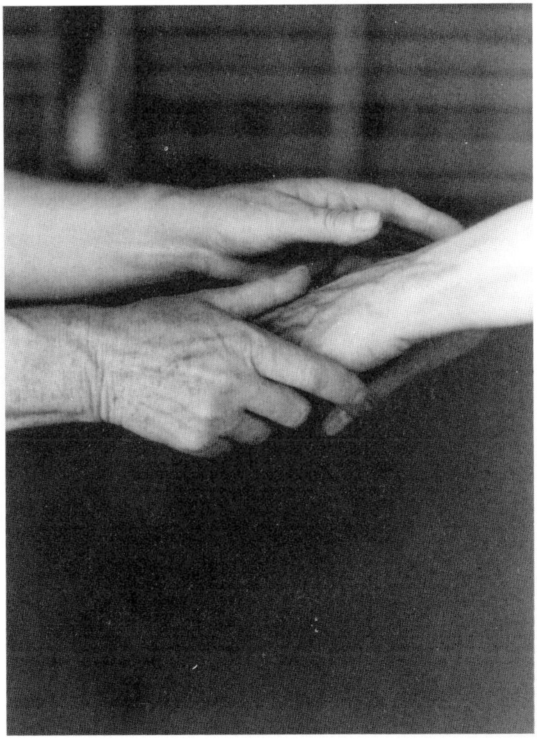

Kommentar

In diesem Spiel wird vor allem die Fähigkeit entwikkelt, "Gegenstände" zu ertasten und sich die *Tastqualitäten einzuprägen.* Durch das Ertasten verschiedener Hände in kurzen Zeitabständen wird oft zum ersten Mal der einzigartige Charakter jeder einzelnen Hand bewußt.

Labyrinth

Spielaufgabe

Sich über das Gehör orientieren

Mitspieler

Die gesamte Gruppe

Geräte / Materialien

Keine

Spielbeschreibung

Alle Mitspieler stellen sich auf eine Kreislinie, lassen dabei aber eine Lücke im Kreis offen. Zwei bis drei Mitspieler stellen sich mit geschlossenen Augen in den Kreis und versuchen, den Ausweg aus dem "Labyrinth" zu finden. Dabei müssen sie von den außen Stehenden so geführt werden, daß sie nicht zusammenstoßen und ihnen nichts geschieht. Wenn die "Blinden" sich dem Kreis nähern, warnen die anderen sie durch einen Summton. Kommen sie einander bedrohlich nahe, dann geben sie einen lauten Sirenenton von sich. Die "Blinden" im Kreis müssen darauf mit einer Richtungsänderung reagieren.

Variationen

- Einzelne Mitspieler aus dem Kreis werden einem der Suchenden innerhalb des Kreises zugeordnet und sollen nun versuchen, ihren Mitspieler aus dem Labyrinth zu dirigieren.
- Im Kreis werden mehrere Ausgänge offengelassen. Der Suchende im Kreis muß einen bestimmten Ausgang finden.

Kommentar

In diesem Spiel steht neben der Orientierung nach Gehör die *Entwicklung von Verständigungsmöglichkeiten* im Vordergrund.

Blindflug

Spielaufgabe

Jemanden über Signale lenken

Mitspieler

Die gesamte Gruppe, aufgeteilt in Fünfergruppen

Geräte / Materialien

Keine

Spielbeschreibung

Eine Gruppe von fünf Mitspielern bildet ein Flugzeug: Vorne stehen zwei Mitspieler mit zur Seite ausgestreckten Armen als "Flügel", in der Mitte der "Kapitän", der die Hände auf die Schultern seiner Vorderleute legt, hinten zwei Mitspieler als "Leitwerke", die ihre Hände auf die Schultern des Kapitäns legen. Das "Flugzeug" fliegt im Nebel, d.h. die Besatzung hat die Augen geschlossen. Ein "Lotse" versucht von außen über "Funk", das "Flugzeug" in eine "Einflugschneise" und auf eine vorgegebene "Landebahn" zu lotsen.

Kommentar

Hier muß eine *präzise sprachliche Ausdrucksform* entwickelt werden, mit deren Hilfe es gelingt, die Bewegungen anderer genau zu dirirgieren.

Orgelpfeifen

Spielaufgabe

Mit geschlossenen Augen orientieren

Anzahl der Mitspieler

Die gesamte Gruppe

Geräte / Materialien

Keine

Spielbeschreibung

Alle Mitspieler sollen sich mit geschlossenen Augen der Größe nach in einer Linie aufstellen.

Variationen

- Alle sollen sich mit geschlossenen Augen in einer Reihe mit aufsteigendem Körpergewicht aufstellen.

Kommentar

Hier muß innerhalb der Gruppe eine Verständigung bzw. *Strategie zur Lösung der Spielaufgabe* entwickelt werden.

Blindfänger

Spielaufgabe

Im Raum nach Gehör orientieren

Mitspieler

Paare

Geräte / Materialien

Keine

Spielbeschreibung

Ein Mitspieler schließt jeweils die Augen, der andere muß sich einen festen Standort suchen, den er nicht verlassen darf. Die Sehenden rufen nun in regelmäßigen Abständen den Namen ihres Mitspielers, der sie zu erreichen und zu berühren versucht.

Variationen

- Die Gesuchten können gemeinsam verhindern, daß sie berührt werden. Dazu dürfen sie ihre "blinden" Partner mit einem anderen tauschen, d.h. im letzten Moment ruft einer, der an einer anderen Stelle steht, den Namen vom Partner eines anderen und umgekehrt.
- Die Gesuchten dürfen ihre Sucher nicht mehr tauschen, aber sie haben insgesamt dreimal drei Schritte zur Verfügung, mit denen sie sich bei Gefahr wegbewegen können.

Kommentar

Dieses Spiel erfordert neben der *Orientierung nach Gehör* von den Sehenden eine gegenseitige Verständigung, um sich im Notfall retten zu können.

Blinder Frosch

Spielaufgabe

Bewegungen exakt lokalisieren

Mitspieler

Die gesamte Gruppe

Geräte / Materialien

Keine

Spielbeschreibung

Alle Mitspieler stellen sich auf eine Kreislinie und erhalten jeweils eine Nummer. In der Mitte steht ein "Blinder Frosch". Ruft der "Frosch" zwei Nummern auf, so müssen diese beiden Mitspieler leise ihre Plätze tauschen. Der "Frosch" versucht, sie dabei zu fangen, also zu berühren.

Variationen

- Die im Kreis stehenden Mitspieler können sich auch einen Ball oder besser ein Sandsäckchen zuwerfen. Der "Blinde Frosch" ruft "Halt", wenn er zu wissen glaubt, wo der Wurfgegenstand sich befindet. Nun darf sich keiner mehr bewegen und alle halten ihre Hände hinter den Rücken. Der "Frosch" öffnet die Augen und zeigt auf den, der seiner Meinung nach den Gegenstand versteckt hält. Hat er richtig geraten, so tauschen beide ihre Plätze.

Kommentar

In diesem Spiel wird vor allem das präzise *Richtungshören* gefordert. Der Mitspieler mit den geschlossenen Augen muß konzentriert hinhören, um die Bewegungen der anderen zu lokalisieren. Falls er eine Zeitlang nicht erfolgreich war, sollte er seinen Platz mit einem Mitspieler aus dem Kreis tauschen.

Spinne

Spielaufgabe

Geräusche exakt lokalisieren

Mitspieler

Paare

Geräte / Materialien

Bierdeckel

Spielbeschreibung

Einer der beiden Mitspieler setzt sich als "Spinne" mit geschlossenen Augen auf den Boden. Der andere läßt um die "Spinne" herum einen Bierdeckel nach dem anderen fallen. Die "Spinne" soll genau wahrnehmen, wo die "Beute" in ihr "Netz" gefallen ist, sie ertasten und einsammeln.

Kommentar

Ähnlich wie im vorhergehenden Spiel geht es hier darum, in einer konzentrierten Form genaues *Richtungshören* zu entwickeln.

Führen und Geführt-Werden

Spielaufgabe

Sich führen lassen

Mitspieler

Paare

Geräte / Materialien

Keine bzw. Gymnastikseile

Spielbeschreibung

Ein Mitspieler schließt die Augen, der andere nimmt seine Hand und führt ihn durch den Raum.

Variationen

- Der Mitspieler wird in einer bestimmten Figur durch den Raum geführt, die er anschließend erraten soll.
- Ab und zu bleiben die beiden stehen, und der Mitspieler ohne Blickkontrolle soll raten, wo er sich befindet.
- Zur Führung werden die Handflächen und schließlich nur noch die Fingerspitzen aneinandergelegt.
- Die Führenden können ihre Mitspieler auch austauschen, indem sie die geführte Hand an die Hand eines anderen Führenden weitergeben. Es kommt dabei zu einer deutlichen Wahrnehmung der Unterschiedlichkeit der Hände.
- Die Führung erfolgt durch ständigen Kontakt einer Hand auf dem Rücken.
- Mit Hilfe von Weichböden, Matten, Kastenoberteilen usw. wird eine Landschaft gebaut und der "Blinde" über die unterschiedlichen Untergründe geführt.

- Der Mitspieler wird nur noch durch kurze Berührungen gelenkt. Eine Berührung auf der linken Schulter bedeutet eine Vierteldrehung nach links, eine Berührung auf der rechten Schulter eine Vierteldrehung nach rechts.
- Die Führenden können heimlich ihre Mitspieler wechseln und andere weiterführen.
- Die Führung kann auch durch verschiedene Töne erfolgen. Dazu machen die Mitspieler ein ganz bestimmtes Geräusch wie z.B. Händeklatschen, Zischen, Piepen aus, dem der Geführte folgen soll.
- Der Abstand zum Geführten wird immer mehr vergrößert.
- Der Mitspieler wird über und um verschiedene Hindernisse geführt. Dabei dürfen einmal mündlich Instruktionen gegeben werden, zum anderen wird der Mitspieler ganz ohne Anweisungen, nur mit Hilfe der Hände geführt.

- **Schlangen-Führen**
  Drei Mitspieler gehen hintereinander und berühren mit der Hand den Rücken des Vordermannes. Die beiden vorderen haben die Augen geschlossen, der hintere führt sie durch Handkontakt. Die Dreiergruppe kann auch durch den ersten oder den mittleren geführt werden.
- **Kutscher und Pferd**
  Zwei Mitspieler stellen sich als "Pferd" und "Kutscher" hintereinander und halten als "Zügel" je ein Handtuch in den rechten und linken Händen. Das "Pferd" schließt die Augen und der "Kutscher" führt es, indem er mit den "Zügeln" steuert.
- **Blinder und Blindenhund**
  Ein Mitspieler schließt die Augen und hält in der einen Hand einen Stab als "Blindenstock" und in der anderen Hand ein Seil, durch das er mit seinem "Blindenhund" verbunden ist. Der "Blinde" muß nun durch einen Wald von aufgestellten Hütchen gehen, ohne daß er eines davon umwirft. Der "Blindenhund" soll ihn dabei unterstützen.
- Die eine Hälfte der Mitspieler steht mit geschlossenen Augen im Raum. Die anderen gehen herum und dürfen sie berühren, anstupsen, kitzeln, anblasen, mit einem Gegenstand berühren usw., ohne ihnen natürlich dabei wehzutun.

Kommentar

In diesem Spiel, das oft als Vertrauensspiel bezeichnet wird, wird in verschiedenen, im Schwierigkeitsgrad steigenden Formen, das genaue Richtungshören und die *sensible Abstimmung der Bewegungen* gefordert. Um sich blind durch den Raum leiten zu lassen, ist natürlich auch ein besonderes Vertrauen zu den Mitspielern erforderlich.

Scotland Yard

Spielaufgabe

Bewegungen genau lokalisieren

Mitspieler

Die gesamte Gruppe, aufgeteilt in Fünfer- bis Sechsergruppen

Geräte / Materialien

Keine

Spielbeschreibung

Vier oder fünf "Detektive" versuchen, "Mr. X" zu fangen. Die "Detektive" halten ihre Augen geschlossen, können also "Mr. X" nicht sehen, und stehen verteilt im Raum. Nun macht "Mr. X" zwei Schritte. Danach dürfen die "Detektive" zwei Schritte in die Richtung machen, in der sie "Mr. X" vermuten. "Mr. X" hat drei Joker zur Verfügung, d.h. er darf insgesamt dreimal vier Schritte machen. Berührt einer der "Detektive" "Mr. X", so ist er gefangen, und der "Detektiv" wird selbst "Mr. X".

Variationen

- Nach drei Wechseln muß "Mr. X" seinen Standort verraten, indem er einen Laut von sich gibt.

Kommentar

Hier ist die Grundidee des bekannten Gesellschaftsspiels "Scotland Yard" in ein Bewegungsspiel übertragen worden. Man kann es als eine Art *Fangspiel mit Hilfe des Gehörs* betrachten, in dem die Bewegungsform der Fänger und des Gejagten geregelt ist. Hier wird vor allem ein sehr exaktes Richtungshören gefordert.

Tast-Garten

Spielaufgabe

Gegenstände blind ertasten

Mitspieler

Die gesamte Gruppe oder Paare

Geräte / Materialien

Verschiedene Gegenstände wie Geldstücke, Flaschen, Bälle, Tücher usw.

Spielbeschreibung

An einer langen Schnur oder Stange werden mit Schnüren verschiedene Gegenstände befestigt. Alle Mitspieler tasten sich nacheinander mit geschlossenen Augen an der Schnur entlang, betasten die einzelnen Gegenstände und versuchen zu erraten, um was es sich handelt. Wenn alle die Taststrecke durchlaufen haben, erfolgt ein Austausch darüber, was die einzelnen wahrgenommen zu haben glauben.

Variationen

- Das Seil wird über verschiedene Hindernisse gespannt. Die Mitspieler müssen sich dann am Seil entlangtastend über die Hindernisse bewegen.
- Ein Führer lenkt die Hände eines "Blinden" mit seinen Händen und läßt ihn so Bälle oder andere Gegenstände greifen oder auch tragen.
- Der Führer kann auch versuchen, den "Blinden" nur mit mündlichen Hinweisen Dinge empfinden und greifen zu lassen.

Kommentar

Dieses Spiel orientiert sich am Spielgedanken der Kim-Spiele. Es geht darum, *Dinge* zu *ertasten und zu erraten*, um was es sich dabei handelt. Durch die Ausschaltung des Gesichtssinnes nehmen die Mitspieler oft völlig neue Aspekte und Qualitäten wahr.

Hörprobe

Spielaufgabe

Geräusche lokalisieren

Mitspieler

Die gesamte Gruppe

Geräte / Materialien

Klappernde Gegenstände

Spielbeschreibung

Die Mitspieler stehen oder sitzen im Raum verteilt und schließen die Augen. Der Spielleiter geht im Raum herum und alle folgen seinen Bewegungen mit dem ausgestreckten Arm.

Variationen

- Ab und zu klappert der Spielleiter zur besseren Orientierung mit einem Gegenstand.
- Es können auch zwei verschiedene Mitspieler herumgehen, die von den anderen mit je einem Arm verfolgt werden müssen.

Kommentar

Dieses Spiel eignet sich vor allem als erste Hinführung und Üben eines genauen *Richtungshörens*.

Summtürme

Spielaufgabe

Über das Gehör im Raum orientieren

Mitspieler

Die gesamte Gruppe, aufgeteilt in zwei Halbgruppen

Geräte / Materialien

Keine

Spielbeschreibung

Die eine Hälfte der Mitspieler verteilt sich im Raum. Sie haben die Aufgabe, die anderen vor Zusammenstößen durch Summtöne zu warnen. Die anderen versuchen nun mit geschlossenen Augen von einer Seite der Halle zur anderen zu gelangen. Kommen sie den "Summtürmen" im Raum gefährlich nahe, so geben diese zur Warnung ein Summgeräusch von sich.

Kommentar

Hier ist wieder die *Orientierung im Raum allein über das Gehör* Thema. Durch die Summtürme soll verhindert werden, daß die Mitspieler sich bei dieser schwierigen Aufgabe verletzen.

Schiffe im Nebel

Spielaufgabe

Mit geschlossenen Augen fortbewegen

Mitspieler

Paare

Geräte / Materialien

Keine

Spielbeschreibung

Ein Mitspieler stellt ein "Passagierschiff" dar und bewegt sich mit geschlossenen Augen wie im Nebel vorsichtig durch den Raum, um nicht mit anderen "Schiffen" zu kollidieren. Sein Partner begleitet ihn als "Feuerschiff", das sein "Nebelhorn" laut ertönen läßt, wenn die Gefahr eines Zusammenstoßes droht.

Variationen

- **Schiffbrüchige retten**
  Die Mitspieler bilden eine Gasse und stellen so die Ufer eines "Kanals" dar. Im "Kanal" befinden sich einige "Heulbojen", die bei Annäherung eines Schiffes Geräusche von sich geben, und ein oder zwei "Schiffbrüchige", die um Hilfe rufen. Ein Mitspieler schließt die Augen und versucht, als "Schiff im Nebel" unbeschadet durch den "Kanal" zu fahren. Dabei nimmt er die "Schiffbrüchigen" auf, die sich an seine Schultern anhängen.

Kommentar

Hier müssen sich die Mitspieler alleine *über das Gehör im Raum orientieren* und dabei vor allem die Kollision mit anderen vermeiden. Bei dieser schwierigen Aufgabe ist es unbedingt erforderlich, daß sie gesichert werden.

Blinde Fischer

Spielaufgabe

Durch schnelle Reaktionen fangen

Mitspieler

Die gesamte Gruppe

Geräte / Materialien

Keine

Spielbeschreibung

Alle Mitspieler stehen innerhalb eines abgegrenzten Spielfeldes, das sie während des Spiels nicht verlassen dürfen. Einer wird zum "Fischer" bestimmt, der seine Hand zur Seite ausstreckt und die Augen schließt. Die anderen Mitspieler, die "Fische", stupsen nun mit dem Zeigefinger von unten gegen die Hand des "Fischers", der versucht, einen der Zeigefinger zu greifen. Fängt er einen "Fisch", so wird der zum neuen "Fischer".

Variationen

- Der "Fischer" muß zusätzlich erraten, wie der gefangene "Fisch" heißt.

Kommentar

Diese Form des bekannten Blinde-Kuh-Spiels erfordert vor allem eine *schnelle Reaktion*. Falls der "Fischer" nach einiger Zeit keinen Fisch gefangen hat, sollte er abgelöst werden.

Indianer und Trapper

Spielaufgabe

Jemanden wahrnehmen und lokalisieren

Mitspieler

Die gesamte Gruppe

Geräte / Materialien

Keine

Spielbeschreibung

Ein "Trapper" steht oder sitzt mit geschlossenen Augen in der Nacht am Lagerfeuer. Um ihn herum stehen in einem größeren Kreis die "Indianer", die sich auf ein Signal des Spielleiters hin anschleichen und ihn zu berühren versuchen. Hört der "Trapper" einen schleichenden "Indianer", so zeigt er in die Richtung, in der er ihn vermutet. Der Spielleiter entscheidet, ob der "Trapper" richtig vermutet hat und schickt gegebenenfalls den "Indianer" auf seinen Ausgangspunkt zurück. Berührt ein "Indianer" den "Trapper", so tauschen sie ihre Rollen.

Variationen

- Mehrere klappernde Gegenstände werden um den Trapper verteilt. Gelingt es einem "Indianer", mit einem Gegenstand zu klappern, so tauscht er mit dem "Trapper" die Rolle.
- Der "Trapper" erhält eine gerollte Zeitung als Stock. Er soll versuchen, die "Indianer" beim Anschleichen damit zu treffen.

Kommentar

Durch die Aufgabe, sich nähernde Mitspieler abzufangen, erhält das *genaue Richtungshören* in diesem Spiel einen zusätzlichen, spannungsvollen Reiz.

9. Spiele mit der Wahrnehmung

Einleitung

Viele der Patienten haben im Laufe ihres Lebens ein sehr funktionales Verhältnis zu ihrem Körper und zum Umgang mit der Welt entwickelt. Oft betrachten sie den Körper wie einen Gegenstand, der ohne eigenes Zutun wie selbstverständlich zur Bewältigung des Alltags funktionieren soll. Gleichzeitig ist ihre Wahrnehmung für körperliche Prozesse bzw. ihr Körpergefühl meist schlecht entwickelt. Sie erscheinen wie 'Fremde im eigenen Körper'. Erst wenn Teile des Organismus, wie das Herz, in ihrer Funktion versagen, wird dem Körper und den Belastungen durch die alltäglichen Anforderungen Aufmerksamkeit geschenkt. Die Wahrnehmung ist dann allerdings oft von einer ängstlichen Grundeinstellung geprägt: Man achtet vor allem auf Signale, die auf ein erneutes Versagen des Körpers hindeuten und versucht, sich von außen gesetzten Ansprüchen zu entziehen oder Signale des Körpers zu überspielen.

Durch die Wahrnehmungsspiele in diesem Kapitel soll ihnen die Erfahrung vermittelt werden, daß der Körper nicht nur ein funktionierender bzw. in der Krankheit angsterzeugender und versagender Organismus ist, sondern daß er Quelle vielfältiger Empfindungen sein kann. Die Teilnehmer sollen in vielfältiger Hinsicht nach innen für die Wahrnehmung des eigenen Körpers und nach außen für die Wahrnehmung anderer und der Umwelt sensibilisiert werden. Ziel ist es vor allem, die vielen unterschiedlichen Dimensionen und Qualitäten der Wahrnehmung erfahrbar zu machen, die in der alltäglichen, routinierten Wahrnehmung zumeist verloren gegangen sind. So kann verdeutlicht werden, daß es eine Vielzahl von Perspektiven gibt, unter denen man wahrnehmen kann.

Oft wehren sich die Teilnehmer gegen körperwahrnehmungsorientierte Übungen, die ihnen fremd sind. Um diese Abwehrhaltung mit der Zeit aufzulösen, werden hier spielerische Formen aufgezeigt, die an vertraute alltägliche Wahrnehmungen anknüpfen und die Teilnehmer neugierig zu machen versuchen.

Ebbe und Flut

Spielaufgabe

Sich in einer fiktiven Situation bewegen

Mitspieler

Die gesamte Gruppe

Geräte / Materialien

Keine

Spielbeschreibung

Alle Mitspieler gehen durch den Raum und stellen sich vor, daß Wasser auf dem Boden steht, das die Füße umspült. Man kann mit dem Wasser spritzen, es vor sich her treiben usw. Nun steigt das Wasser bis zu den Knien. Wie fühlt sich das an, wie verändert sich die Bewegung dadurch? Das Wasser steigt weiter bis zur Hüfte und setzt nun der Bewegung einen größeren Widerstand entgegen. Man kann nun auch die Arme und Hände zu Hilfe nehmen, um vorwärts zu kommen. Nun steigt das Wasser weiter und reicht bis zum Hals, nur der Kopf schaut noch heraus. Es kostet viel Kraft, gegen das Wasser zu gehen. Wie kann die Bewegung durch die Arme unterstützt werden?

Danach beginnt das Wasser langsam bis zu den Schultern, den Hüften, den Knien und den Füßen zu sinken. Zuletzt bleiben alle stehen, schütteln das Wasser vom ganzen Körper und streifen es mit den Händen ab. Danach trocknet man sich mit einem imaginären Handtuch ab.

Kommentar

Über die Darstellung von *Verhaltensweisen in einer vorgestellten Situation* kann die Anpassung der Bewegung erlebt werden. Am besten wählt man dazu ein Bild, das für die Teilnehmer mit konkreten Vorstellungen verbunden werden kann und das inhaltlich immer wieder veränderbar ist, so daß klar differierende Bewegungsweisen mit prägnanten Wahrnehmungsinhalten provoziert werden.

Wer hat angefangen?

Spielaufgabe

Genau beobachten

Mitspieler

Die gesamte Gruppe

Geräte / Materialien

Keine

Spielbeschreibung

Ein "Detektiv" wird aus dem Raum geschickt. Die anderen Mitspieler stellen sich auf eine Kreislinie und wählen einen "Chef". Der "Detektiv" wird zurückgeholt und stellt sich in die Mitte des Kreises. Nun beginnt der "Chef" möglichst unbemerkt mit einer charakteristischen Bewegung, die alle anderen unmittelbar aufnehmen und nachahmen müssen. Man kann mit dem Kopf nicken, mit dem Fuß wippen, mit der Hand an den Schenkel schlagen usw. Der "Detektiv" hat die Aufgabe, möglichst schnell herauszufinden, wer der "Chef" ist. Er darf dreimal einen Verdacht äußern. Wenn er zum dritten Mal falsch vermutet hat, gibt sich der "Chef" zu erkennen und ein anderer wird "Detektiv". Wird der "Chef" erwischt, so wird er zum neuen "Detektiv".

Kommentar

Vom jeweiligen "Detekiv" wird in diesem Spiel eine *aufmerksame Wahrnehmung* gefordert. Die anderen Mitspieler müssen ihre Interaktionen bzw. die schnelle Anpassung an veränderte Bewegungen genau aufeinander abstimmen.

Beschatten

Spielaufgabe

Jemanden unauffällig verfolgen

Mitspieler

Die gesamte Gruppe

Geräte / Materialien

Keine

Spielbeschreibung

Alle Mitspieler gehen kreuz und quer durch den Raum. Nach einer Aufforderung des Spielleiters sucht sich jeder unbemerkt jemanden aus, den er beschattet bzw. nicht aus den Augen läßt. Nach einiger Zeit kommen alle zusammen. Wer glaubt, seinen Verfolger entdeckt zu haben?

Kommentar

Auch hier geht es wieder um die aufmerksame Beobachtung und *Analyse der Verhaltensweisen der anderen* Mitspieler. Gleichzeitig muß man versuchen, die eigene Intention vor den übrigen Mitspielern zu verbergen.

Rhythmuswechsel

Spielaufgabe

Rhythmen wahrnehmen und aufnehmen

Mitspieler

Die gesamte Gruppe

Geräte / Materialien

Ein Ball je Mitspieler

Spielbeschreibung

Alle Mitspieler prellen ihren Ball auf den Boden. Auf ein Kommando des Spielleiters hin soll die Gruppe zu einem gemeinsamen Rhythmus finden, ihn eine Weile beibehalten, auf Ansage wieder aufgeben und zu individuellen Rhythmen zurückfinden.

Variationen

- Einige Mitspieler werden als "Störer" bestimmt. Sie versuchen, die anderen durch einen eigenen Rhythmus durcheinanderzubringen und zu verhindern, daß die Gruppe einen gemeinsamen Rhythmus findet.

Kommentar

In diesem Spiel müssen die Mitspieler versuchen, sich *ohne sprachliche Kommunikation* auf eine gemeinsame Form zu verständigen. Es ist immer wieder interessant zu sehen, wer in einer Gruppe dominiert und einen Rhythmus vorzugeben versucht und wer sich eher anderen anpaßt.

Führen durch Zeigen

Spielaufgabe

Zeichen genau wahrnehmen und befolgen

Mitspieler

Paare

Geräte / Materialien

Keine

Spielbeschreibung

Ein Partner wird zum Führenden bestimmt. Er sucht sich einen festen Standort und zeigt dem anderen mit dem Finger an, wo er hingehen soll. Dabei dürfen sich die Paare nicht sprachlich verständigen.

Variationen

- Zwischen den Mitspielern können verschiedene Zeichen ausgemacht werden, denen der andere folgen soll.
- Mehrere Mitspieler sollen einem anderen zeigen, wohin er sich bewegen soll.
- Die Bewegungsrichtung kann auch mit dem Fuß, mit Kopfbewegungen oder nur durch die Augen angezeigt werden.

Kommentar

Durch die Ausschaltung der sprachlichen Kommunikation wird in diesem Spiel eine besondere Aufmerksamkeit für die *Wahrnehmung anderer Dimensionen sozialer Interaktion* entwickelt. Wenn mehrere Mitspieler Richtungszeichen geben, müssen die Zeichen natürlich abgestimmt werden.

Wo ist die Hand?

Spielaufgabe

Körperberührungen lokalisieren und beantworten

Mitspieler

Paare

Geräte / Materialien

Matten und Tennisbälle

Spielbeschreibung

Einer der Mitspieler liegt mit aufgestellten Füßen in Rückenlage auf einer Matte. Sein Partner legt eine Hand (oder einen Tennisball) vorsichtig auf irgendeine Körperstelle. Der Liegende versucht, mit seinem Körper gegen die Hand oder den Ball zu drükken.

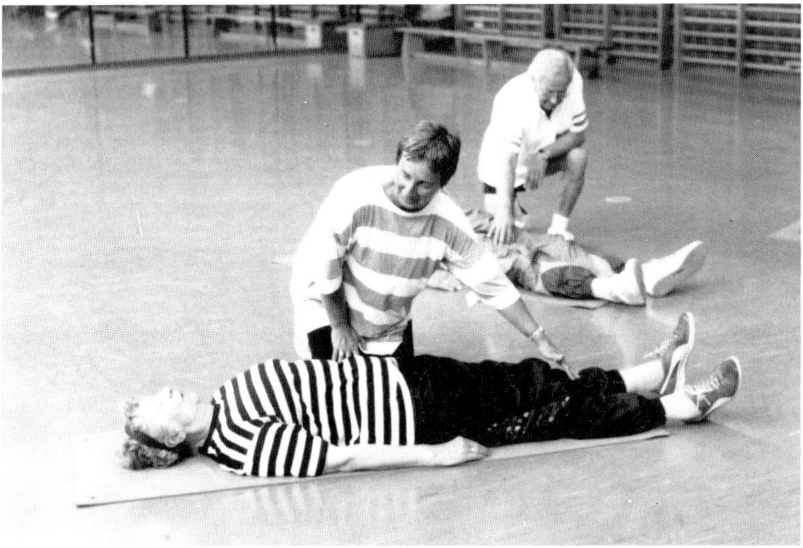

Variationen

- Die berührte Stelle kann auch einfach benannt werden.
- Der Berührte öffnet die Augen und versucht, selbst exakt auf die Stelle des Körpers zu zeigen, die berührt worden ist.
- Der Mitspieler berührt mit beiden Händen verschiedene Körperstellen des am Boden Liegenden. Benennt der Berührte eine Körperstelle richtig, dann löst der andere die entsprechende Hand und setzt sie an einer anderen Stelle erneut auf. Je dichter zusammen die Berührungen liegen, desto schwieriger wird die Unterscheidung.
- Mehrere Mitspieler berühren den Liegenden gleichzeitig an verschiedenen Körperstellen. Der Liegende versucht, möglichst alle Stellen wahrzunehmen und zu benennen.
- Mehrere Mitspieler legen ihre Hände seitlich an den Körper des Liegenden und beginnen vorsichtig gegen den Körper zu drücken. Der Liegende sagt an, wann ihm der Druck unangenehm wird.
- Tennisbälle oder Bierdeckel werden vorsichtig auf den Körper des Mitspielers gelegt.
- Der Körper des Liegenden wird mit einem Tennisball umrollt. Dadurch kommt es zu einer deutlichen Wahrnehmung der Körpergrenzen.

Kommentar

In diesem Spiel wird die gesamte *Aufmerksamkeit auf die Körpergrenzen gelenkt.* Der Mitspieler entwickelt über die unterschiedlichen Berührungen ein sehr differenziertes Bild des eigenen Körpers, in dem auch feinste Abstände zwischen verschiedenen Körperstellen noch wahrgenommen werden. Vor allem das Umrollen des Körpers mit einem Ball schafft durch die kontinuierlich wandernde Berührung ein deutliches Gefühl für die Körpergrenzen.

Rückenkontakt

Spielaufgabe

Den eigenen Rücken und den Rücken des Partners wahrnehmen

Mitspieler

Paare

Geräte / Materialien

Keine

Spielbeschreibung

Die Paare setzen sich mit angewinkelten Beinen und aufgesetzten Füßen Rücken an Rücken auf eine Matte. Beide beugen ihren Oberkörper nach vorne, der Kopf darf dabei allerdings nicht zu tief abgesenkt werden. Dann richten sich beide Wirbel für Wirbel langsam wieder auf, so daß sie auf der ganzen Länge des Rückens miteinander in Kontakt kommen.

Variationen

- Bei ausreichender Beweglichkeit können die Knie auch so gut wie möglich, gestreckt werden.
- Die Mitspieler sitzen Rücken an Rücken und bewegen gemeinsam ihre Oberkörper so langsam, daß der Rückenkontakt nicht verlorengeht. Die Führung der gemeinsamen Bewegung sollte dabei mehrmals wechseln.
- Beide Mitspieler drücken ihre Rücken leicht gegeneinander und bewegen sie langsam hin und her. Dadurch massieren sie sich gegenseitig.
- Einer der Mitspieler bewegt seinen Oberkörper nach vorne, der andere folgt der Bewegung passiv und gibt entspannt nach.
- Die Mitspieler sitzen Rücken an Rücken, heben die Arme maximal schulterhoch zur Seite, legen sie aneinander und fassen gegenseitig ihre Hände. Nun bewegen sie ihre Arme, ohne daß der Rückenkontakt verlorengeht.
- Die Mitspieler stehen Rücken an Rücken. Die Körper sollten möglichst von den Fersen bis zum Kopf in Kontakt miteinander sein. Beide heben ihre Arme maximal schulterhoch zur Seite, fassen gegenseitig die Hände und drehen gemeinsam vorsichtig ihre Oberkörper nach beiden Seiten.

Kommentar

Die Teilnehmer haben oft kaum eine Vorstellung von der Stellung, der Schwingung und den *Bewegungsmöglichkeiten ihrer Wirbelsäule*. Hier soll in einer Spielform, zusammen mit einem Mitspieler, über gemeinsame Berührungen und Dehnungen ein Gefühl für die Wirbelsäule entwickelt werden. Gleichzeitig sollen sich die Teilnehmer bei den gemeinsamen Übungen auf den anderen einstellen, ein Gefühl für die Bewegungsmöglichkeiten des anderen entwickeln und sie beachten.

Fliegen verjagen

Spielaufgabe

Körperberührungen wahrnehmen

Mitspieler

Paare

Geräte / Materialien

Keine

Spielbeschreibung

Ein Mitspieler steht mit geschlossenen Augen, während der andere ihn mit einer Fingerspitze an einer beliebigen Körperstelle wie eine landende Fliege leicht berührt. Der erste soll die "Fliege" durch leichte Bewegungen der entsprechenden Körperpartie abschütteln.

Variationen

- Der Mitspieler berührt zwei Körperstellen gleichzeitig.
- Das Geräusch einer sich nähernden Fliege wird nachgeahmt, das abbricht, wenn sie sich auf den Körper setzt. Dadurch wird die Aufgabe für den Mitspieler, der die Berührungen erspüren soll, erleichtert.

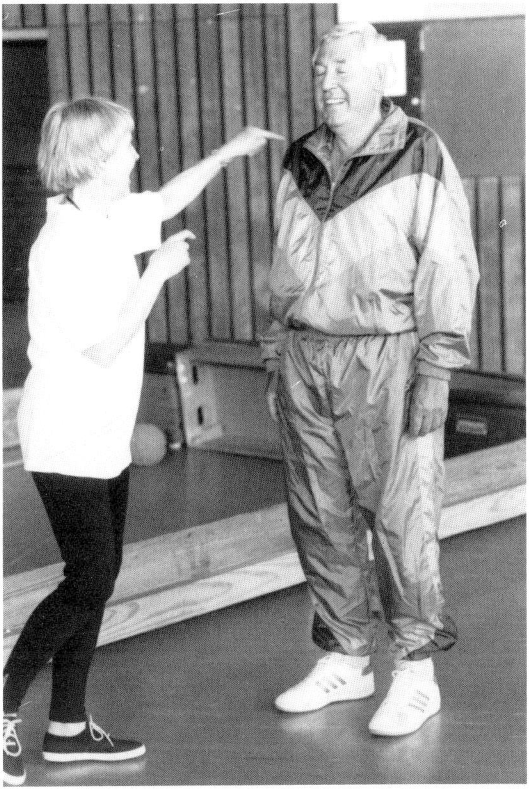

Kommentar

Hier geht es wieder darum, über ein Berührungsspiel eine hohe *Sensibilität für die Grenzen des eigenen Körpers* zu entwickeln.

Auto-Rallye

Spielaufgabe

Koordinierte Fortbewegung

Mitspieler

Die gesamte Gruppe, aufgeteilt in Vierergruppen

Geräte / Materialien

Bälle, Reifen und diverse Geräte

Spielbeschreibung

Die Grundidee dieses Spiels besteht darin, daß immer 4 Mitspieler zusammen eine "Autobesatzung" mit zwei Personen auf dem "Vordersitz" und zwei Personen auf dem "Rücksitz" bilden, d. h. sie stehen in einem Viereck. Der "Fahrer", dem man einen Ball oder Reifen als "Steuerrad" in die Hand geben kann, steht vorne links und lenkt das "Auto" durch Kommandos. Allerdings kann das "Auto" nur vorwärts und rückwärts fahren und eine Vierteldrehung nach rechts oder links ausführen. Sobald das "Auto" eine solche Drehung gemacht hat, wechselt natürlich der "Fahrer" (und das "Steuerrad") zu dem, der nun vorne links steht. Aufgabe ist es, das "Auto" sicher durch den Verkehr und über die Straßen zu lotsen. Falls die Gruppe nicht exakt in Vierergruppen aufgeteilt werden kann, können auch Dreier-Besatzungen gebildet werden. Zuerst dürfen die "Autos" frei und durcheinander durch die Halle fahren, um exakt lenken zu lernen.

Variationen

- Mit Hilfe von Bodenmarkierungen, Bänken, Kästen, Tesakreppstreifen usw. werden "Straßen" gekennzeichnet, auf denen die "Autos" nun fahren müssen.

- Die "Autos" sollen auch eine längere Strecke rückwärts fahren und auch rückwärts einparken.
- Alle "Straßen" werden so eng gemacht, daß nur noch ein "Auto" durchpaßt. Bei unvermeidlichen Begegnungen müssen beide zurücksetzen.
- Mit Hilfe von parallel aufgestellten Bänken, Kastenoberteilen usw. werden schmale Brücken mit engen Kurven und Kreuzungen gebaut, über die die "Autos" vorsichtig und exakt gesteuert werden müssen.
- Der Platz des "Fahrers" kann auch gewechselt werden. Dann wird das "Auto" rechts gesteuert, wie in England und Japan, oder sogar vom Rücksitz aus.
- Im "Auto" können zusätzlich Gepäckstücke, also Bälle, die zwischen die Körper geklemmt werden, befördert werden. Die "Gepäckstücke" dürfen allerdings auch bei scharfen Kurven nicht verlorengehen.
- Der "blinde Fahrer", der die Augen geschlossen hält, soll das "Auto" durch Hinweise der Insassen steuern.

Kommentar

In diesem Spiel steht die präzise, schnelle *Abstimmung der Bewegungen mehrerer Mitspieler* nach feststehenden Regeln im Zentrum. Die Vorwärtsbewegung in der Gruppe kann nur funktionieren, wenn alle aufmerksam auf die Erfüllung der Aufgabe achten und die Bewegungsanforderungen früh vorwegnehmen.

Wer fehlt?

Spielaufgabe

Personen erraten

Mitspieler

Die gesamte Gruppe

Geräte / Materialien

Keine

Spielbeschreibung

Die Gruppe geht mit geschlossenen Augen durcheinander. Der Spielleiter nimmt heimlich einen Mitspieler, der die Augen öffnen darf, heraus und versteckt ihn (z.B. im Geräteraum). Nun öffnen alle Mitspieler die Augen und müssen möglichst schnell herausfinden, wer fehlt. Der Mitspieler, der den Fehlenden als erster richtig errät, wird zum neuen Spielleiter.

Kommentar

Im Grunde dreht es sich hier um ein *soziales Kim-Spiel*, da man sich alle Mitspieler der Gruppe genau merken muß. Das Spiel wird natürlich um so schwieriger, je größer die Gruppe ist.

Partnerspiegel

Spielaufgabe

Jemanden beobachten und nachahmen

Mitspieler

Paare

Geräte / Materialien

Keine

Spielbeschreibung

Die zwei Mitspieler stehen sich frontal gegenüber. Der eine macht langsam verschiedene Bewegungen vor, die der andere zeitgleich, wie ein Spiegel, nachahmt.

Variationen

- Kleine Szenen wie Aufstehen, Morgentoilette, Fensterputzen usw. werden vom Spiegelbild nachgeahmt.
- Vor dem Spiegel dürfen Grimassen geschnitten werden.
- **Umkehrspiegel**
  Der spiegelnde Mitspieler hat die Aufgabe, genau das Gegenteil von dem zu machen, was der andere ihm vormacht.
- **Parallelspiegel**
  Die Mitspieler stehen nebeneinander und der eine ahmt den anderen exakt nach.
- **Echospiegel**
  Eine kleine Bewegungssequenz wird vorgespielt, und der andere spielt sie wie ein Echo nach.

Kommentar

Dieses *pantomimische Nachahmungsspiel*, das aus dem Bereich des Bewegungstheaters stammt, sollte zumindest zu Beginn immer mit einer alltagsnahen Themenstellung verbunden werden, da die Teilnehmer oft Probleme mit freieren Themenstellungen haben. Gefordert ist hier besonders die genaue Beobachtungsgabe und die Fähigkeit zur exakten Nachahmung.

Wer macht was?

Spielaufgabe

Tätigkeiten vormachen und erkennen

Mitspieler

Die gesamte Gruppe, aufgeteilt in zwei Halbgruppen

Geräte / Materialien

Zettel

Spielbeschreibung

Zettel, auf denen Alltagshandlungen, wie z.B. Blumen gießen, Auto waschen, Treppe kehren usw. immer zweimal vorkommen, werden an die Mitspieler der beiden Gruppen verteilt. Die Mitspieler der einen Gruppe beginnen, diese Alltagshandlung darzustellen. Wenn der Mitspieler der anderen Gruppe, der dieselbe Handlung gezogen hat, sie zu erkennen glaubt, geht er hin und ahmt sein Vorbild nach. Haben alle ihre vermeintlichen Partner gefunden, vergleichen sie ihre Zettel.

Kommentar

Hier ist also sowohl eine möglichst verständliche Darstellungsform verlangt als auch eine *große Interpretationsfähigkeit* für andere Darstellungsweisen.

10. Spiele zur Lockerung, Entspannung und Konzentration

Einleitung

Viele der Teilnehmer zeigen körperliche Verspannungen bzw. haben große Probleme damit, sich zu entspannen und zu lockern. Oft gelingt es ihnen auch nicht, sich längere Zeit auf ihren Körper zu konzentrieren. Deshalb ist es sinnvoll, daß vor und neben dem sinnvollen Erlernen von Entspannungstechniken immer wieder spielerische Formen zur Lockerung, Entspannung und Konzentration in den Unterricht eingestreut werden. Über diese spielerischen Formen der Entspannung soll Verspannungen nachgespürt, Anspannungen bewußt gemacht und langsam abgebaut werden. Die Teilnehmer sollen mit der Zeit lernen, muskuläre Verspannungen im Körper gezielt loszulassen.

Bei den lockernden Spielformen wird die Muskulatur bewußt möglichst tief entspannt. Dann werden einzelne Körperteile oder der gesamte Körper in Schwingungen und Wellen versetzt, um die Lockerheit zu überprüfen bzw. sie noch zu vertiefen.

Bei den spielerischen Entspannungsformen werden stärkere muskuläre Verspannungen durch die Massagen eines Mitspielers oder mit Hilfe eines Tennisballes gelöst.

Zur Unterstützung der konzentrierten Zuwendung zum eigenen Körper oder zur Welt eignen sich auch viele der "Spiele mit dem Gleichgewicht" und der "Spiele, ohne zu sehen". In diesem Kapitel werden noch zwei zusätzliche Spiele aufgeführt, die den Charakter eines Berührungs- bzw. Tastkim-Spiels haben.

Schwere Arme

Spielaufgabe

Lockernde Bewegungen wahrnehmen

Mitspieler

Paare

Geräte / Materialien

Keine

Spielbeschreibung

Ein Mitspieler steht entspannt und schließt die Augen. Der andere nimmt einen Arm in seine Hände und bewegt ihn vorsichtig hin und her, hoch und runter. Der passiv Bewegte soll keine Eigenbewegungen machen und entspannt bleiben.

Variationen

- Wenn Mitspieler Probleme mit langen Stehphasen haben, kann diese Übung auch im Liegen ausgeführt werden. Dann liegt ein Mitspieler mit aufgestellten Füßen in Rückenlage auf einer Matte, und der andere nimmt einen Arm oder ein Bein in beide Hände und bewegt sie vorsichtig.
- Es können auch zwei Mitspieler beide Arme eines dritten im Liegen oder im Stehen vorsichtig anheben und wieder senken.
- **Arme ausschütteln**
  Ein Mitspieler läßt seine Arme entspannt hängen, der andere faßt mit beiden Händen eine Hand und schüttelt den Arm vorsichtig aus.
- **Passiver Armpendel**
  Der Mitspieler steht, wie oben, mit geschlossenen Augen und entspannten Armen, der andere stößt sanft einen Arm an, der passiv ausschwingen soll.

- **Fallender Arm**
  Der Mitspieler hebt einen Arm leicht an und läßt ihn plötzlich wieder fallen. Der Arm soll ohne Kraft passiv fallen und ausschwingen.
- Die Hand wird zuerst mit einem kleinen, dann mit kräftigerem Ausschlag zur Seite hochgeworfen und beim Zurückfallen wieder aufgefangen.
- Ein Mitspieler stellt sich hinter den anderen, faßt die Oberarme des vorderen, schiebt die Arme und damit auch die Schultern leicht nach oben und läßt sie wieder fallen.
- Eine gerade Anzahl von Mitspielern steht auf einer Kreislinie. Jeder zweite hält seine Arme locker und entspannt und legt die Hände auf die Hände der benachbarten Mitspieler. Diese schwingen ihre Arme aktiv und immer stärker vor und zurück, bis die Hände der passiv Bewegten am Ende des Schwunges leicht nach oben geworfen werden. Sie sollen dabei ganz locker bleiben und von den andern wieder aufgefangen werden.

Kommentar

In dieser Spielform werden die Arme bewußt möglichst tief entspannt und nicht mehr aktiv angespannt. Durch die passive Bewegung, in der man sich der Wirkung der Schwerkraft überläßt, kann die Muskulatur gelockert werden. Die Mitspieler können dabei lernen, ihre Muskelanspannung immer mehr loszulassen und machen dabei die *Erfahrung einer weitgehenden Entspannung und Lockerung der Muskulatur.*

Körperwellen

Spielaufgabe

Lockernde Bewegungen wahrnehmen

Mitspieler

Paare

Geräte / Materialien

Keine

Spielbeschreibung

Ein Mitspieler legt sich mit gestreckten Beinen in Rückenlage. Sein Partner setzt sich vor seine Füße und ergreift die Fußknöchel. Durch seitwärtige sowie Vor- und Zurück-Bewegungen erzeugt er Wellen, die durch den gesamten, entspannten Körper laufen sollen.

Variationen

- Ein Mitspieler liegt auf dem Rücken. Der andere setzt sich vor dessen Füße, faßt von oben auf die Fußriste und bewegt die Fußspitzen vor und zurück. Er erzeugt so im ganzen Körper eine Welle.
- Diese Körperwelle kann auch von dem auf dem Rücken Liegenden selbst durch Anziehen und Strecken der Fußspitzen erzeugt werden.
- Ein Mitspieler liegt auf dem Rücken und stellt die Füße auf. Der andere erzeugt durch Druck auf die Knie von unten eine Körperwelle.

Kommentar

Ähnlich wie in der vorhergehenden Spielform werden hier große Anteile der Körpermuskulatur entspannt und passiv *durch Schwingungen und Wellen gelockert.*

Körpermagnet

Spielaufgabe

Körperteile mit möglichst wenig Kraftaufwand anheben

Mitspieler

Paare

Geräte / Materialien

Keine

Spielbeschreibung

Ein Mitspieler steht entspannt und schließt die Augen. Der andere hat "magnetische Hände" und kann einzelne Körperteile durch Kontakt magnetisch anheben sowie hin- und herschwingen. Unterbricht er den Kontakt, so bleibt der entsprechende Körperteil des anderen in dieser Position stehen.

Variationen

- Die durch die "magnetischen Hände" bewegten Körperteile können auch nach Unterbrechung des Kontaktes wieder passiv zurückfallen.
- Marionette:
  Der Mitspieler wird ohne Körperkontakt wie eine Marionette über gedachte Schnüre gelenkt.
- Der Spielleiter gibt eine bestimmte Standposition oder eine bestimmte prägnante Gestalt vor. Der eine Mitspieler soll den anderen mit einer Hand oder sogar nur mit einem Finger in diese Position bringen.
- **Gruppenstandbild**
  Zwei oder drei Mitspieler sollen in eine gemeinsame Gruppenposition gebracht werden.
- Der eine Mitspieler bringt den anderen nur mit mündlichen Hinweisen in eine bestimmte Position.
- Der Mitspieler darf nur noch Zeichen geben, mit denen er den anderen in eine bestimmte Position zu bringen versucht.

Kommentar

Die Mitspieler müssen in diesem Spiel versuchen, *Körperbewegungen mit möglichst wenig Kraftaufwand auszuführen.* Sie können so erfahren, daß sie Bewegungen oft mit viel zuviel Energie ausführen.

Erfrorene Hände

Spielaufgabe

Hände massieren

Mitspieler

Paare

Geräte / Materialien

Keine

Spielbeschreibung

Ein Mitspieler wärmt die "erfrorenen Hände" seines Partners langsam und vorsichtig wieder an, reibt und knetet sie warm.

Variationen

- Wenn die Mitspieler vertraut genug im Umgang miteinander und mit gegenseitigem Körperkontakt sind, können auch Füße, Arme oder andere Körperteile warmgerieben werden.

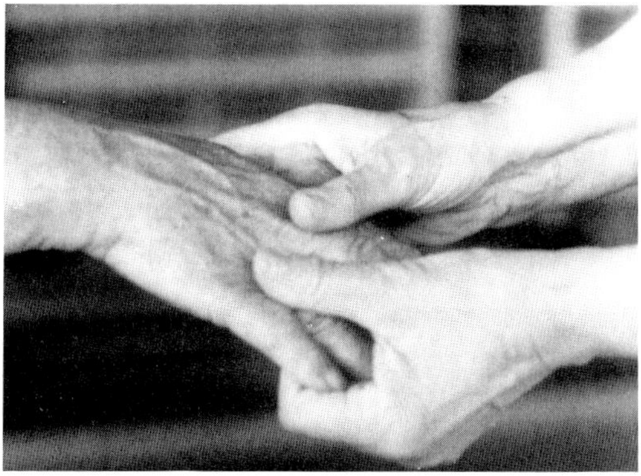

Kommentar

Der direkte körperliche Kontakt bei der Durchführung von massageähnlichen Formen bereitet vielen Menschen Schwierigkeiten. Die *Berührung der Hände* ist zu Beginn oft *unverfänglicher* und wird hier noch mit einer alltäglichen Situation verknüpft.

Fußentspannung

Spielaufgabe

Muskuläre Verspannungen auflösen

Mitspieler

Die gesamte Gruppe

Geräte / Materialien

Ein Tennisball je Mitspieler

Spielbeschreibung

Alle Mitspieler ziehen ihre Schuhe aus, suchen sich einen festen Stand und konzentrieren sich auf den Kontakt ihrer Füße mit dem Boden. Dann wird der rechte Fuß auf einen Tennisball gestellt. Zuerst hält die rechte Ferse noch Kontakt mit dem Boden und nur die Zehen umgreifen den Ball. Danach wird der Tennisball langsam von vorn nach hinten über die Fußsohle gerollt und der Druck auf den Tennisball langsam erhöht. Nach und nach wird immer mehr Belastung auf den Fuß gegeben, bis zuletzt ein Großteil des Gewichts auf dem Ball ruht. Anschließend werden beide Füße auf den Boden gestellt und den Unterschieden im Bodenkontakt nachgespürt. Dieselbe Übung wird auch mit dem anderen Fuß durchgeführt.

Kommentar

Bei dieser spielerischen Entspannungsform werden die *tiefsitzenden Verspannungen* in den Füßen, die durch das ständige Tragen von Schuhen kaum noch intensiv abgerollt und gedehnt werden, *gelöst*. Oft kommt es hier zu schmerzenden Bewegungen. Man sollte diese Form deshalb sehr vorsichtig durchführen, aber auch ein Stück gegen die Schmerzen anarbeiten lassen.

Rückengeschichte

Spielaufgabe

Massage des Rückens in eine Geschichte einbinden

Mitspieler

Paare

Geräte / Materialien

Keine

Spielbeschreibung

Zwei Mitspieler stellen sich hintereinander. Der Spielleiter erzählt ein kleine Geschichte, die die jeweils hinteren Mitspieler auf dem Rücken des Vordermannes mit den Händen darstellen und mitspielen.

Abendgewitter

- Die letzten Sonnenstrahlen des Tages fallen
(sanft vom Kopf über den Hals nach unten streifen)
- Wolken ziehen auf
(kreisförmige Bewegungen auf dem Rücken)
- erste Regentropfen fallen
(leicht mit den Fingern klopfen)
- und werden stärker
(stärker mit den Fingern klopfen)
- ein erster Blitz zuckt am Himmel
(schnell über den Rücken fahren)
- es donnert
(mit lockeren Fäusten auf den Rücken klopfen)
- dann fällt starker Regen
(stark mit den Fingern auf den Rücken klopfen)
- Der Regen läßt langsam nach
(immer schwächer auf den Rücken trommeln)
- und zuletzt kommt noch einmal die Sonne durch
(sanft vom Kopf über den Hals abwärts streichen).

Variationen

- Entsprechend kann eine Rückenmassage über eine Backgeschichte initiiert werden.
  Pizzabacken
  Wasser und Mehl werden auf den Tisch gestreut, der Teig wird geknetet, das Backblech eingefettet, der Teig im Backblech geglättet und mit Tomaten, Käse usw. bestreut. Zuletzt wird das Blech in den Backofen geschoben (bzw. bekommt der Mitspieler einen Schubs nach vorn).
- Wenn die Mitspieler mit der Zeit an Rückenmassagen gewöhnt sind, kann man sie noch mit verschiedenen einfachen Formen bekanntmachen:
  - mit der Handkante links und rechts der Wirbelsäule schnell auf und ab reiben;
  - mit den Handkanten (lockere Handgelenke!) schlagen;
  - mit den Handkanten der geballten Fäuste (mit lockeren Handgelenken!) schlagen;
  - mit der offenen Handinnenfläche streichen.
  - mit lockeren Fingerspitzen klopfen.

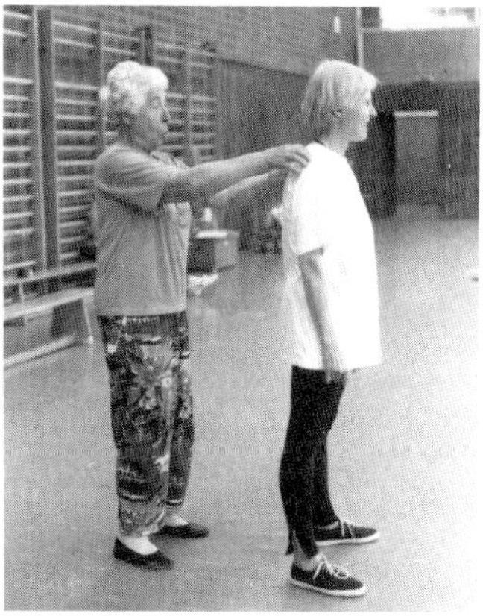

Kommentar

Hier wird eine *Massageform* zu Beginn wieder *in eine bekannte Alltagsgeschichte eingebunden.* Über die Geschichte kann zudem die Dauer und Intensität gesteuert werden.

Rückenraten

Spielaufgabe

Bewegungsformen raten

Mitspieler

Paare

Geräte / Materialien

Matten als Unterlage

Spielbeschreibung

Ein Mitspieler geht auf einer Matte in die Bankstellung, sein Partner kniet an seiner Seite oder setzt sich auf eine Bank neben ihn. Wenn beide eine bequeme Stellung gefunden haben, ahmt der obere verschiedene Tiere nach, die sich in typischer Weise über den Rücken bewegen: ein schwerer bedächtiger Elefant, eine kleine, trippelnde Maus, ein galoppierendes Pferd, eine Schlange, eine watschelnde Gans, ein hüpfendes Känguruh usw. Der untere soll die Tiere erraten, er kann sich aber auch einfach auf die angenehme Wirkung der Berührungen wie auf eine leichte Klopfmassage konzentrieren.

Variationen

- Man kann auch verschiedene Rhythmen, z.B. bekannte Tanzrhythmen nachahmen und raten lassen.
- Nach dem Spielprinzip der "Stillen Post" stellen sich alle in einen Kreis und einer beginnt den Gang eines Tieres auf dem Rücken des vorderen Mitspielers nachzuahmen. Die Bewegung wird im Kreis weitergegeben. Der letzte Mitspieler sagt, welches Tier er wahrgenommen hat.

Kommentar

In diesem Spiel wird die *Konzentration auf die taktile Wahrnehmung* durch die Rateaufgabe unterstützt.

Handfühler

Spielaufgabe

Mit der Handfläche spüren und erraten

Mitspieler

Paare

Geräte / Materialien

Verschiedene Gegenstände

Spielbeschreibung

Ein Mitspieler stellt sich mit geschlossenen Augen hin und hält eine Hand mit nach oben geöffneter Handfläche nach vorn. Der andere nimmt einen Gegenstand und führt ihn über die geöffnete Handfläche, bis der andere errät, welcher Gegenstand das ist.

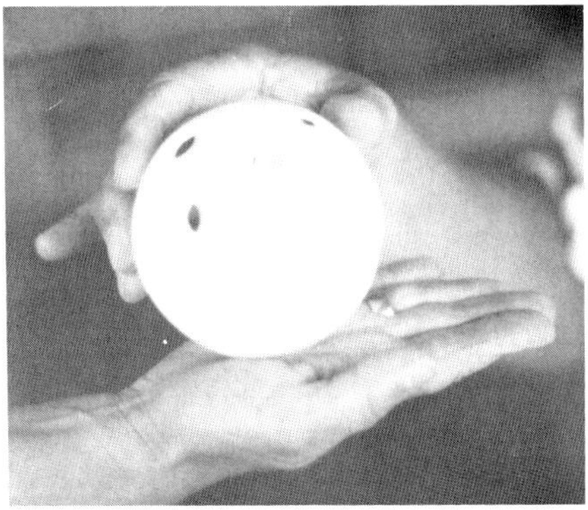

Kommentar

Normalerweise werden die Umrisse und Qualitäten von Gegenständen erfühlt, indem man sie mit der Hand greift, ertastet und umfährt. Hier wird dieser eingespielte Zusammenhang aufgebrochen und der *Gegenstand an der unbewegten, geöffneten Handfläche entlanggeführt.* Die Wahrnehmung des Gegenstandes wird durch diese Umkehrung erstaunlich schwierig.

11. Zum Ende kommen

Einleitung

Jede Unterrichtsstunde sollte für die Teilnehmer nicht nur einen deutlichen Beginn, sondern auch ein deutliches Ende haben. Sinnvoll ist es deshalb, am Ende eine Spielform durchzuführen, in der nach der Auseinandersetzung mit dem Thema des Hauptteils zum Abschluß noch einmal ein kleiner Höhepunkt gesetzt wird.

An den meisten der in diesem Kapitel aufgeführten Spiele können alle Mitspieler gemeinsam teilnehmen und miteinander in direkten Kontakt kommen. Zudem sind die Spiele mit einer niedrigen körperlichen Belastung verbunden. Ziel ist hier keine anstrengende, spannungsreiche Bewegung, sondern ein beruhigender Ausklang, durch den die Teilnehmer entspannt und gelockert in den Alltag zurückkehren.

Klopfmassage

Spielaufgabe

Klopfmassage genießen

Mitspieler

Die gesamte Gruppe

Geräte / Materialien

Keine

Spielbeschreibung

Alle Mitspieler stellen sich hintereinander auf eine Kreislinie. Die Hände werden zu Fäusten geschlossen und jeder klopft damit mit lockeren Handgelenken auf den Rücken des Vordermannes. Auf keinen Fall darf auf Knochen, vor allem die Wirbelsäule und in der Nierengegend geklopft werden.

Variationen

- Es kann auch ein Tennisball mit leichtem Druck über den Rücken gerollt werden.
- Jeder sucht sich einen Mitspieler. Die beiden Mitspieler stellen sich hintereinander. Der vordere beugt den Kopf und Oberkörper leicht nach vorn und der hintere klopft den entspannten Rücken ab. Beim Aufrichten sollte der hintere Mitspieler den vorderen stützen, damit er bei eventuell auftretenden Schwindelgefühlen nicht fällt.
- Der vordere Mitspieler gibt einen tiefen Brummton von sich. Beim Klopfen vibriert dieser Ton im Brustkorb.
- Je drei Mitspieler finden sich zusammen. Einer stellt sich mit geschlossenen Augen in die Mitte und wird von den anderen abgeklopft.

Kommentar

Durch die leichte Klopfmassage findet eine *angenehme Beruhigung* statt. Gleichzeitig kann hier die wohltuende Wirkung von Berührungen erfahren werden.

Paarkissen

Spielaufgabe

Die Atmung beruhigen und an einen Mitspieler anpassen

Mitspieler

Paare

Geräte / Materialien

Matten oder Decken

Spielbeschreibung

Beide Mitspieler liegen jeweils mit dem Kopf zueinander auf dem Rücken. Sie legen ihren Kopf auf der Schulter des anderen Mitspielers ab und versuchen, einen gemeinsamen Atemrhythmus zu finden.

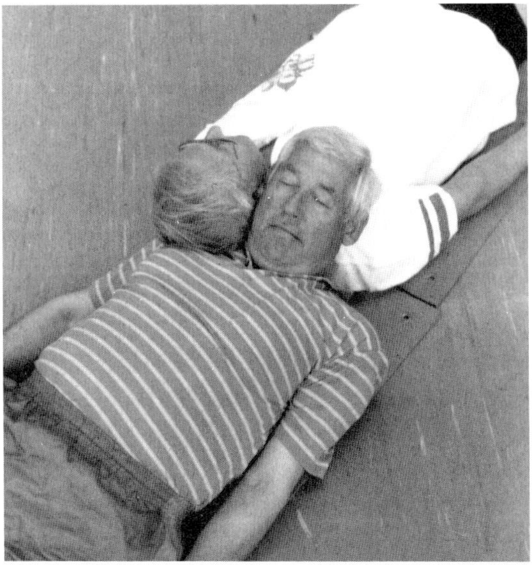

Kommentar

Durch die konzentrierte Wahrnehmung und gegenseitige Anpassung des Atemrhythmus findet eine *den ganzen Körper umfassende Beruhigung* statt.

Lachender Teppich

Spielaufgabe

Durch eine regelmäßige Atmung entspannen

Mitspieler

Die gesamte Gruppe

Geräte / Materialien

Keine

Spielbeschreibung

Einer der Mitspieler legt sich auf den Rücken und gibt laut, mit weit geöffnetem Mund, ein offenes "Ha" von sich. Der zweite Mitspieler legt seinen Hinterkopf auf den Bauch des Liegenden und sagt "Ha, Ha". Dann folgt der nächste Mitspieler und immer so weiter, bis alle am Boden liegen.

Kommentar

Das stetige Auf und Ab des Kopfes auf dem Bauch des unteren, hervorgerufen durch die regelmäßige Atmung, hat eine *beruhigende Wirkung*. Meist löst sich dieses Spiel nach einiger Zeit aber in einem allgemeinen Gelächter auf.

Das Peppermint-Spiel

Spielaufgabe

Einen Satz durch Gesten darstellen

Mitspieler

Die gesamte Gruppe

Geräte / Materialien

Keine

Spielbeschreibung

Alle Mitspieler stellen sich in einen Kreis. Sie sagen gemeinsam einen Satz auf und untermalen ihn mit bestimmten Gesten. Der Satz lautet:
- Drunten
(mit dem Zeigefinger zeigen alle zum Boden)
- im Tale
(mit den Händen wird eine Schüssel geformt)
- früh am Morgen
(mit den Händen wird über dem Kopf eine Sonne geformt)
- stehen
(aufrecht stehen und Arme anlegen)
- die kleinen Peppermints
(mit Finger und Daumen der rechten Hand die Größe anzeigen)
- alle in einer Reihe
(Finger und Daumen mehrmals aufeinander legen und dabei die Hand nach rechts führen)
- kommt der Schaffner
(am Ort mit Hochziehen der Knie gehen, Finger der rechten Hand gehen zum Gruß an die rechte Schläfe)
- zieht an der Leine
(der rechte Arm zieht von rechts oben nach rechts unten)

- Piff-Paff
(leicht in die Knie gehen und wieder aufrichten)
- schon sind sie alle weg
(die Finger der rechten Hand wie zum Laufen bewegen und die Hand von rechts nach links führen).
Wenn der Text und die Reihenfolge der Gesten eingeübt ist, wird die Abfolge immer wiederholt, allerdings läßt man bei jedem Durchgang jeweils die letzte Zeile weg, bis zum Schluß alle nur noch die Gesten wiederholen.

Kommentar

In diesem Spiel müssen sich alle auf das korrekte und folgerichtige Nachahmen der Gesten konzentrieren, vor allem, wenn nach und nach die mündlichen Hinweise nicht mehr erfolgen.

Eseltreiber

Spielaufgabe

Absichten von Mitspielern erraten

Mitspieler

Die gesamte Gruppe, aufgeteilt in zwei Halbgruppen

Geräte / Materialien

Keine

Spielbeschreibung

Die gesamte Gruppe teilt sich in zwei Halbgruppen auf. Die eine Gruppe sind die "Eseltreiber", die andere die "Esel". "Esel" und "Eseltreiber" gehen in die gegenüberliegenden Ecken der Halle. Die "Esel" machen heimlich ein Zeichen, eine Berührungsstelle oder einen Laut aus, auf die hin sie ausschließlich reagieren. Die "Eseltreiber" sprechen eine Taktik ab, wie sie vorgehen, um dieses Zeichen zu erfahren. Die "Esel" stellen sich nun möglichst "störrisch" in die Halle und die "Eseltreiber" versuchen, das geheime Zeichen herauszufinden, mit denen sich die "Esel" bewegen lassen. Haben sie es gefunden, treiben sie die "Esel" aus der Halle.

Kommentar

Das Ziel dieses Spiels liegt im Grunde darin, die Stunde zu einem *humorigen Abschluß* zu bringen und die Mitspieler dazu zu veranlassen, die Halle zusammen auf lustige Weise zu verlassen.

Eigenlob

Spielaufgabe

Bei den Mitspielern bedanken

Mitspieler

Die gesamte Gruppe

Geräte / Materialien

Keine

Spielbeschreibung

Alle Mitspieler stellen sich in einen so weiten Kreis, daß sie mit zur Seite gestreckten Armen die Fingerspitzen ihrer Nachbarn gerade noch berühren können. Alle heben die Arme waagrecht zur Seite an, schließen die Augen und bewegen sich langsam nach vorne zur Mitte. Dabei wandern die Hände langsam über die Arme der Nachbarn nach oben bis auf die Schultern. Wenn alle dicht nebeneinander stehen, klopfen sie sich gegenseitig auf die Schultern und sagen: "Das haben wir heute gut gemacht!" Dann bewegen sich alle wieder langsam rückwärts in ihre Ausgangsposition.

Kommentar

Die langsame intensive Berührung bewirkt eine *allgemeine Beruhigung*. Die psychische Spannungslösung in diesem Spiel wird aber besonders durch die *überraschende Wendung* zum gegenseitigen Bedanken hervorgerufen.

Systematisches Spieleverzeichnis

Ankommen und in Bewegung kommen

Spiele im Kreis

Spiele zum Laufen

Spiele zum Fangen und Werfen

Spiele mit Stäben, Reifen und Seilen

Spiele mit dem Gleichgewicht

Spiele, ohne zu sehen

Spiele mit der Wahrnehmung

Spiele zur Lockerung, Entspannung und Konzentration

Zum Ende kommen

Alphabetisches Spieleverzeichnis

Verzeichnis der Symbole

Spieler	
Gehweg	
Kehrtwendung	
Vierteldrehung	
Ball	
Wurf	
Hütchen	
Bänke	
Reifen	
Kegel	

Literatur

BAER, U.: 500 Spiele. Für jede Gruppe. Für alle Situationen. Remscheid 1990.

BERNIEN, J.: Psychologische Aspekte bei der Bewegungstherapie von Patienten mit koronarer Herzkrankheit. In: KOLENDA, K.-D. (Hrsg.): Stellenwert und Praxis der Bewegungstherapie im Rahmen der kardiologischen Rehabilitation. Erlangen 1992, 63-76.

BEUTEL, M.: Bewältigungsprozesse bei chronischen Erkrankungen. Weinheim 1988.

BRENNER, H.: Entspannungs-Training für alle. München 1982.

BRINCKMANN, A./RODER, A.: Im Alter aktiv bleiben. Grundzüge eines Freizeitsportansatzes. In: BRINCKMANN, A./RODER, A. (Hrsg.): Freizeitsport mit Senioren. Modelle für Vereinssport und Altenarbeit. Reinbek bei Hamburg 1985, 26-42.

BRINCKMANN, A./TREESS, U.: Bewegungsspiele. Reinbek bei Hamburg 1980.

BROICH, J.: Körper- und Bewegungsspiele. Köln 1991a.

BROICH, J.: Anwärmspiele. Köln 1991b.

BUCHER, W.: 1012 Spiele und Übungsformen in der Freizeit. Schorndorf 1984.

BUCHER, W.: 1010 Spiel- und Übungsformen für Behinderte (und Nichtbehinderte). Schorndorf 1986.

DREISBACH, W.: Alterssport - eine sozio-kulturelle Aufgabe. Sportunterricht 32 (1983a) 1, 13-18.

DREISBACH, W.: Sport für Ältere - Ein Beitrag zur Entwicklung psychomotorischer Fähigkeiten. Motorik 6 (1983b) 3, 116-124.

ERNST, H.: Fleißig, ehrgeizig, überpünktlich: Mit Volldampf in den Herzinfarkt. In: Psychologie heute (1980) 12, 22-29.

ERNST, H.: Herz und Streß: Entwarnung für Hektiker? In: Psychologie heute (1988) 6, 22-25.

ESSER, P.: Psychosomatische Gesichtspunkte der koronaren Herzkrankheit und Gruppenansätze in der Rehabilitation von Infarktpatienten. In: ESSER, P. (Hrsg.): Psychologische Gruppenarbeit im Rahmen der Rehabilitation von Herzpatienten. Stuttgart 1987, 1-11.

ESSER, P.: Erfahrung und Überlegungen zur Situation des Therapeuten in der stationären Gruppenarbeit mit Herzinfarktpatienten. Eine persönliche Darstellung. In: BINKOWSKI, H./FISCHER, W.D. (Hrsg.): Erlebnisorientierte Bewegungstherapie. Körperwahrnehmung und Körpererleben. Köln 1988, 37-48.

ESSER, P./ZIMMER, R.: Körper- und bewegungsorientierte Methoden bei Herzkranken. In: Motorik 8 (1985) 4, 131-140.

FISCHER, W.D.: Möglichkeiten einer funktions- und erlebnisorientierten Bewegungstherapie in der stationären und ambulanten Gruppenarbeit mit Herzpatienten. In: ESSER, P. (Hrsg.): Psychologische Gruppenarbeit im Rahmen der Rehabilitation von Herzpatienten. Stuttgart 1987, 107-116.

FISCHER, W.D.: Bewegungstherapie unter kommunikativem Aspekt - Integration psychosozialer Übungsangebote in körperbezogene Gruppenbehandlungen. In: BINKOWSKI, H./FISCHER, W.D. (Hrsg.): Erlebnisorientierte Bewegungstherapie. Körperwahrnehmung und Körpererleben. Köln 1988a, 9-17.

FISCHER, W.D.: Zur Bedeutung des körperlichen Trainings von Herzpatienten - Aus der Sicht eines Sportpädagogen. In: BINKOWSKI, H./FISCHER, W.D. (Hrsg.): Bewegung als Mittel der Verhaltensbeeinflussung. Monheim 1988b, 51-60.

FISCHER, W.D.: Bewegungsspiele als Mittel zur Selbsteinschätzung der Herzgruppen-Teilnehmer. Vorüberlegungen eines Herzgruppen-Betreuers. In: FISCHER, W.D./BEH, D. (Hrsg.): Ganzheitliche Bewegungstherapie innerhalb der inneren, orthopädischen und psychosomatischen Medizin. Monheim 1991, 57-63.

FRANZKOWIAK, P.: Kleine Freuden, kleine Fluchten. Alltägliches Risikoverhalten und medizinische Gefährdungsideologie. In: WENZEL, E. (Hrsg.): Die Ökologie des Körpers. Frankfurt 1986, 121-174.

FREUND, U.: Spielarmut und Herzinfarkt. Praxiserfahrungen mit medizinisch begründeter Freizeitpädagogik in der Kur. In: Animation (1983) 11/12, 358-363.

FREUND, U.: Körperwahrnehmung und Konfliktbearbeitung bei Herzpatienten. Gruppenansätze und Einzeltherapien im Kontext von Milton H. Erickson. In: BINKOWSKI, H./FISCHER, W.D. (Hrsg.): Erlebnisorientierte Bewegungstherapie. Körperwahrnehmung und Körpererleben. Köln 1988, 27-36.

FRICZEWSKI, F.: Sozialökologie des Herzinfarktes. Untersuchungen zur Pathologie industrieller Arbeit. Berlin 1988.

GEISSLER, U.: Tausendfüßlers Taschentuch. Spiele mit Seilen und Tüchern. Münster 1992 (4. Aufl.).

HURRELMANN, K.: Sozialisation und Gesundheit. Somatische, psychische und soziale Risikofaktoren im Lebenslauf. Weinheim/München 1991 (2. Aufl.).

IMHOF, A.E.: Die Lebenszeit. Vom aufgeschobenen Tod und der Kunst des Lebens. München 1988.

KELLER, R.: Ballspielen lernen. Zürich 1991.

KÖHLER, T.: Psychosomatische Krankheiten. Eine Einführung in die Allgemeine und Spezielle Psychosomatische Medizin. Stuttgart/Berlin/Köln 1989 (2. Aufl.).

KRUSE, A./LEHR, U.: Altenbildung - theoretische und empirische Beiträge der Gerontologie. In: RÖHRS, H./SCHEUERL, H. (Hrsg.): Richtungsstreit in der Erziehungswissenschaft und pädagogische Verständigung: Wilhelm Flitner zur Vollendung seines 100. Lebensjahres am 20. August 1989 gewidmet. Frankfurt/Main 1989, 317-338.

KURZ, D.: "Gymnastik, Spiel und Sport im fortgeschrittenen Lebensalter". Ein pädagogisch interessierter Literaturbericht. In: BAUR, R./EGELER, R. (Red.): Gymnastik, Spiel und Sport für Senioren. Schorndorf 1981, 11-38.

LANGOSCH, W.: Psychosomatische Erkrankung und Körpererfahrung - Ablenkung, Ausgleich, Therapiemaßnahme? In: BINKOWSKI, H./FISCHER, W.D. (Hrsg.): Bewegung als Mittel der Verhaltensbeeinflussung. Monheim 1988a, 35-45.

LANGOSCH, W.: Herz- und Kreislauferkrankungen. In: KOCH, U./LUCIUS-HOENE, G./STEGIE, R. (Hrsg.): Handbuch der Rehabilitationspsychologie. Berlin/Heidelberg/New York/London/Paris/Tokio 1988b, 351-376.

LANGOSCH, W.: Der Patient in der Herzgruppe: Probleme und Behandlungskonsequenzen aus der Sicht eines klinischen Psychologen. In: HALHUBER, M.J./ KRASEMANN, E.O./ HELD, K.: Ratgeber zur Betreuung von Herzgruppen. Köln 1992a (2. Aufl.), 173-175.

LANGOSCH, W.: Streßbewältigungstraining. In: HALHUBER, M.J./ KRASEMANN, E.O./HELD, K.: Ratgeber zur Betreuung von Herzgruppen. Köln 1992b (2. Aufl.), 192-207.

LANGOSCH, W.: Zur Bedeutung des körperlichen Trainings von Herzpatienten - aus der Sicht des Psychologen. In: HALHUBER, M.J./ KRASEMANN, E.O./HELD, K.: Ratgeber zur Betreuung von Herzgruppen. Köln 1992c (2. Aufl.), 219-226.

LEHR, U.: Kontinuität und Diskontinuität im Lebenslauf. In: ROSENMAYR, L. (Hrsg.): Die menschlichen Lebensalter. Kontinuität und Krisen. München/Zürich 1978, 315-339.

LEHR, U.: Turnen und Sport im Alter. Aktuelle Gerontologie 11 (1981), 100-105.

LEHR, U.: Bevölkerungsentwicklung: Ursachen und Konsequenzen: Teilhabe der Älteren in einer sich wandelnden Gesellschaft. In: KRUSE, A./LEHR, U./ OSWALD, F./ROTT, C. (Hrsg.): Gerontologie. Wissenschaftliche Erkenntnisse und Folgerungen für die Praxis. München 1987, 33-48.

LÖHR, R./ZWIRNER, P.: Kleine Spiele im Breiten- und Freizeitsport. Karlsruhe 1992 (4. Aufl.).

MEUSEL, H.: Ziele und Auswirkungen des Alterssports. In: SINGER, R. (Hrsg.): Alterssport. Schorndorf 1981, 115-122.

MEUSEL, H.: Sport, Spiel, Gymnastik in der zweiten Lebenshälfte. Frankfurt/Main 1987.

MÜLLER, M. (Hrsg.): Psychophysiologische Risikofaktoren bei Herz-/Kreislauferkrankungen. Grundlagen und Therapie. Göttingen 1993.

OBERSTE-LEHN, H.: Probleme und Perspektiven von Menschen des 6. Lebensjahrzehnts: Handlungsfeld Freizeit. In: DIECK, M./NAEGELE, G./SCHMIDT, R. (Hrsg.): Freigesetzte Arbeitnehmer im 6. Lebensjahrzehnt - eine neue Ruhestandsgeneration? Berlin 1985, 374-393.

ROSENMAYR, L.: Grundlagen eines soziologischen Studiums des Alterns. In: ROSENMAYR, L./ROSENMAYR, H.: Der alte Mensch in der Gesellschaft. Reinbek bei Hamburg 1978, 21-45.

SCHAEFER, H./BLOHMKE, M.: Herzkrank durch psychosozialen Streß. Heidelberg 1977.

SCHMIDT, T.H.: Das Typ-A-Verhalten als Risikofaktor der koronaren Herzkrankheit. In: STUDT, H.H. (Hrsg.): Psychosomatik in Forschung und Praxis. Wien/München/Baltimore 1983, 195-213.

SCHWARZER, R.: Psychologie des Gesundheitsverhaltens. Göttingen/Toronto/Zürich 1992.

SIEGRIST, J.: Nicht rauchen, gesund essen, viel Bewegung - und trotzdem Herzinfarkt. Warum? In: Bild der Wissenschaft (1980) 1, 50-60.

SIEGRIST, K.: Sozialer Rückhalt und kardiovaskuläres Risiko. München 1986.

SIEGRIST, K.: Streß und Streßbewältigung. In: HALHUBER, M.J./KRASEMANN, E.O./HELD, K.: Ratgeber zur Betreuung von Herzgruppen. Köln 1992 (2. Aufl.), 227-234.

SIEGRIST, K./SIEGRIST, J.: Psychosoziale Belastungen nach dem Herzinfarkt. In: Münchner medizinische Wochenschrift 134 (1992) 30, 476-479.

SROKA, K.: Zur Dialektik des Herzinfarkts. Frankfurt 1980.

STECHLING, S./SCHNEIDER-EBERZ, I.: 1013 Spiel- und Übungsformen für Senioren. Schorndorf 1986.

SUTTON-SMITH, B.: Die Dialektik des Spiels. Eine Theorie des Spielens, der Spiele und des Sports. Schorndorf 1978.

TEMBECK, S./FLUEGELMAN, A.: New Games. Die neuen Spiele. München 1979.

WEIDEMANN, H./MEYER, K.: Lehrbuch der Bewegungstherapie mit Herzkranken. Pathophysiologie, Trainingslehre, Praxis. Darmstadt 1991.

WEINBACH, I.: Alter und Altern. Zur Begründung eines gerontagogischen Ansatzes. Frankfurt/Main 1983.